JN292975

おとなごはんと一緒に作るあかちゃんごはん

離乳食編

レシピ◎フードコーディネーター・高橋若奈
編◎現役ママの編集チーム・まちとこ

日東書院

おとなごはんと一緒に作るあかちゃんごはん

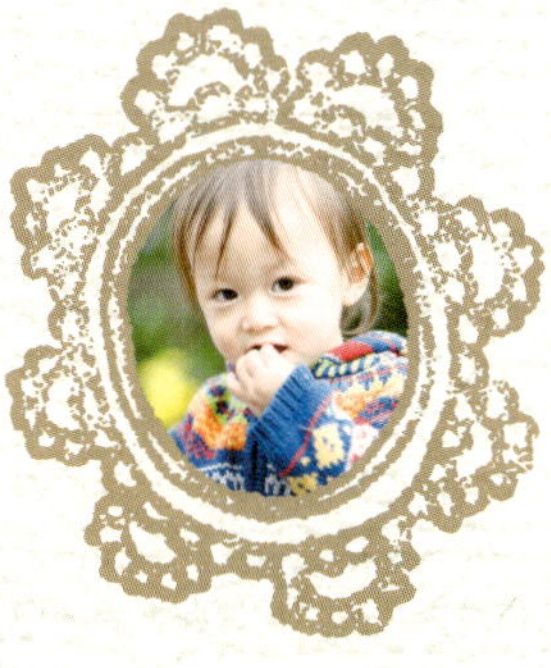

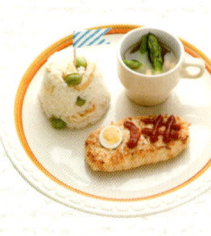

この本は乳幼児のママたちが中心となって作った「離乳食作りはがんばらなくても大丈夫」というちょっと変わった離乳食の本です。

今振り返ると、初めて赤ちゃんにごはんを食べさせていたときは、離乳食の本とにらめっこしながら、「食べてくれた！」「食べてくれない！」と、とても気になりました。でも幼児となった今は、そんなふうに気にかけていたことをすっかり忘れるくらい、しっかり食べるようになってきました。

離乳食のことを必要以上に心配しなくてもよかったのです。自分たちの経験を通して気づいたことは、赤ちゃんに負担の少ない食材選びや与え方など、大まかな基本さえ押さえれば、「大人のごはんからの取り分けで、赤ちゃんの離乳食は作れる」ということでした。気負って食べさせなくても、たいてい1歳半ごろには（遅くとも2歳には）、離乳できます。それも赤ちゃん自身の力で自然にたくましく離乳していきます。だから、離乳食のことで頭をいっぱいにしないで、まずは大人がおいしいごはんを楽しんでください。そのために、簡単に作れておいしいレシピをたくさん集めました。そして大人ごはんの中から赤ちゃんにちょっとずつ、おすそ分けをしてください。

ママやパパは赤ちゃんが食べやすいように、ほんのひと手間のお手伝いをお願いします。肩の力を抜いて、気をラクにして赤ちゃんの離乳を見守ってください。赤ちゃんの離乳食時代を「取り分けの術」で簡単に、大人も赤ちゃんもおいしく楽しむコツをこの本で伝えられれば、と願っています。

●離乳食指導（第1章・第9章・章扉・Q＆A）
高木美佐子（助産師）
都内の助産院で日々母乳や育児に困ったたくさんのママを元気づけている。3人の子どもの母。

撮影現場で ： 左から高木美佐子（助産師） しのざきたかこ（スタイリング） 野村由紀（デザイン） 狩野綾子（編集） 壬生マリコ（写真） 石塚由香子（編集） 高橋若奈（レシピ）

【この本で大切にしている5つのこと】

1 赤ちゃんごはんは、大人ごはんから取り分ける

大人のごはんをしっかり支度して、その中から赤ちゃんが食べられるものをおすそ分けしましょう。家族と同じものを一緒に分け合って食べると、赤ちゃんもきっと喜びます。

P10へ

2 大人のごはんを見直そう

赤ちゃんは大人のまねが大好き。大人がきちんと食べていれば、赤ちゃんもいつかきちんと食べるようになります。離乳食は大人のごはんを見直すいいチャンスです。

P12へ

3 汁物を作って、ラクに離乳時期を乗り切ろう

離乳食作りを簡単にする一番のコツは大人のごはんに汁物を作ることです。みそ汁、スープなど汁物を作り、味つけ前に取り分ければ、あとはほんのひと手間で離乳食が完成します。

P13へ

4 スタートは月齢だけで決めないで、赤ちゃんが食べたがるのを待とう

大人が食べる姿を見せていると、いつの日からか赤ちゃんはごはんを食べたがるようになります。赤ちゃん自身の食べる準備ができて、食べたがるようになるまで待って離乳を始めると、スムーズに離乳が進みます。

P14へ

5 赤ちゃんのごはんは3歩進んで2歩下がる

赤ちゃんの離乳はまるで「すごろく」のよう。常に一歩ずつ着々と進むとは限りません。行きつ戻りつしながら、だんだんとごはんを食べるようになる過程を楽しみながら見守りましょう。

P18へ

本書の使い方

おあじみ期

大人

完了期

人参バターライスとハッシュドポーク ●●●● 約35分（米の下準備・浸水時間は除く）

人参ライスとデミグラスソースのハーモニー♪

〈材料〉 大人❷〜❸＋赤ちゃん❶

人参ライス
- 米 …… 2カップ
- 水 …… 320cc
- 人参（皮をむいてすりおろす） …… 中½本（100g）
- バター …… 15g

玉ねぎ（薄切り） …… 中½
豚こま切れ肉（ほぐして塩、こしょうを少少する） …… 200g
舞茸（石づきを取り、小房に分ける） …… 1パック（100g）

A
- 水 …… 400cc
- コンソメ …… 1個
- 酒 …… 大さじ1
- デミグラスソース缶 …… 1缶（290g）
- トマトペーストかトマトケチャップ …… 大さじ2

塩、こしょう …… 少々
パセリ …… 適宜
生クリーム …… 少々

〈つくりかた〉

1 米はといでざるに上げ、人参は皮をむいてすりおろす。

2 炊飯器に1の米、人参、分量の水を加えて30分浸水。その後ひと混ぜして炊く。

3 フライパンにバターを熱して、玉ねぎが透き通るまで炒める。豚肉、舞茸を加えて豚肉の色が変わったら、Aを加えて、弱火で20〜25分ほど煮こみ、塩、こしょうで味を調える。

4 炊き上がった人参ライスにバターを混ぜこみ、器に盛り、3をかける。

おあじみ期 4のバターを入れる前の人参ライスにだしを加えて軟らかく煮る（人参がゆ風）。

カミカミ期終わり頃 3のこしょうをふる前の具材を小さく切りだしでのばす。4の人参ライスもだしでのばしてつぶす。

完了期 3の具材を食べやすく切り、だしでのばす。4をだしでのばして軟らかくする。

大人 お好みでパセリや生クリームをかける。

Point！
デミグラスソースは、市販のルーで代用しても。大人は生クリームを加えるとぐっとまろやかに。多めにすりおろして残った人参はスープやドレッシングにも使える。

60

❶ 1 ●●●●マーク

どの期から取り分けられる料理かを示しています。

- ● おかゆ期
- ● おあじみ期
- ● カミカミ期
- ● 完了期

❷ 2 時計マーク

調理時間の目安です。

❸ 3 材料

大人2人と赤ちゃん1人分が基本です。料理によっては作りやすい分量を掲載しています。

切り方など、材料の下ごしらえの仕方は材料の横に。

レシピの分量
大さじ 1＝15cc
小さじ 1＝5cc
200cc ＝1 カップ

❹ 4 調味料は事前に合わせておいてください。

❺ 5 写真

食材の固さや大きさの目安にしてください。

❻ 各期の目安（詳細はP8）

- おかゆ期　5〜8ヶ月くらい
- おあじみ期　7〜12ヶ月くらい
- カミカミ期　11〜14ヶ月くらい
- 完了期　12〜18ヶ月くらい
- 大人　大人ごはんのできあがり

※必要に応じて「始め頃」「前半」「後半」「終わり頃」と表記しています。

❼ つくり方

大人ごはんの作り方を基本としています。取り分ける過程で おあじみ期 などと入れて離乳食の調理方法を記載しています。

焼き時間、煮る時間、電子レンジ(600Wを基準)の加熱時間などは目安です。料理の様子を見ながら加減してください。

❽ だし・だし汁

本書では以下のように使い分けて表記しています。

●だし

こんぶやかつおぶしなどから取っただし

離乳食の取り分けではだしをよく使います(離乳食の取り分け時に使用するだしは分量外です)。レシピはお好みの和風だしでどうぞ。特定のだしがおすすめの料理は、だしの種類を明記しています。

●だし汁

だしと野菜や肉・魚で煮出した汁で具材を取り除いたもの

※洋風料理では「スープ」と表記。

じゃがいもソースのニョッキ　●●●●　約25分

じゃがいもの和風ソースがニョッキと相性抜群

〈材料〉大人❷＋赤ちゃん❶

ニョッキ(市販のもの)	200g
じゃがいも(1cm角に切る)	中2個(150g)
だし(こんぶ)	200cc
豆乳(無調整)	100cc
生クリーム	200cc
粉チーズ	大さじ2
塩	少々
粗びきこしょう	少々
オリーブ油	適量

〈つくり方〉

1 鍋に分量のだし、じゃがいもを入れて柔らか〈なるまで煮る。
おあじみ期　じゃがいもをだしでのばしながらすりつぶす。

2 別の鍋に湯を沸かし、ニョッキをゆでる。

3 1のじゃがいもを煮汁ごとフォークの背などで粗くつぶしてから豆乳を加え、弱火で5分ほど煮る。

4 3に2のニョッキ、生クリーム、粉チーズを加えて塩で味を調え、混ぜながらひと煮立ちさせる。
カミカミ期 前半　3に2を加えたところで取り分けて、ニョッキを粗くつぶす。

5 器に盛る。
カミカミ期 後半＋完了期　4の生クリーム、チーズ、塩で味を調えたものを食べやすく切り、だしでクリームソースを薄める。
大人　こしょうを振り、オリーブ油をかける。

Point!
さつまいもで作ってもおいしい！ソースはニョッキ以外に、ショートパスタやフィットチーネにかけても。

アレンジ
ビシソワーズ風
みじん切りにした玉ねぎを炒めて、ニョッキ以外の4を加えて牛乳や豆乳でさらにのばしてじゃがいものスープに。冷たくしてもおいしくいただけます。

【離乳食のステップ】

この本では、「おかゆ期」「おあじみ期」「カミカミ期」「完了期」と、4つの期に分け、各期の幅を持たせて、あえて重ねています。

4つに分けてはいますが、各期にはっきりとした境界線はありません。赤ちゃんの体調やいろいろな事情にも左右されてステップが前後することでしょう。その時々の赤ちゃんの様子で柔軟に対応していきたいですね。

このページの表を参考に赤ちゃんがどの辺りのステップにいるのかやんわりと見当をつけてください。

離乳食のスタート

ゆるいトロトロ状

おおよその離乳食の形状

写真を参考に赤ちゃんに合った形状に。

おかゆ期

目安:5～8ヶ月

赤ちゃんが乳汁以外の『味』に出合う離乳食準備期。おかゆを中心に、やさしい甘みの野菜のスープをプラスします。

少しずつ水分を減らしてベタベタ状に。

おあじみ期

目安:7～12ヶ月

味と舌触りを確かめながら『おあじみ』を楽しめるようになるころ。野菜に続いてタンパク質は消化がよくて負担の少ないものから順番に。

少しずつつぶを残していって。

カミカミ期

目安:11～14ヶ月

だんだん『ごはんらしいもの』を奥の歯ぐきで噛みつぶして食べられるようになる時期。野菜もタンパク質も充実します。

つぶせる硬さに

完了期

目安:12～18ヶ月

『家族と同じごはん』を食べたがるようになる時期。

ごはんの一歩手前の軟らかさ

＊厚生労働省の指針では、初期（生後5～6ヶ月）、中期（7～8ヶ月）、後期（9～11ヶ月）、完了期（12～18ヶ月）となっています。

第1章

離乳食を始める前に
これだけ知ろう

離乳食のコツ

5ヶ月くらいになると、
そろそろ離乳食が気になってくるころ。
大まかなことさえ把握すれば、
あとは赤ちゃんからの
メッセージを待つだけ!

離乳食は取り分けで

大人ごはんとつながるものだからこそ できるだけ同じ鍋から

まずは離乳食の意味を知ろう

赤ちゃんは生まれると、おっぱいやミルクを飲んで育ちます。やがては固形の食べ物を食べるようになりますが、乳汁しか口にしていなかった赤ちゃんがいきなり固形物を食べることはできません。固形物を食べるには、口に食べ物を運んで、噛み砕いて飲みこみ、消化・吸収して、排泄して…と様々な力が必要となるからです。

離乳食は固形物へ移行するための練習過程

だんだんと食べるための機能が完成するまで、赤ちゃんはいろいろな食べ物を大人のごはんから分けてもらって練習を重ねなくてはなりません。その練習過程で食べるものが「離乳食」です。

赤ちゃんは、家族と一緒のごはんですくすく育つ

複数の子どもを持つママは、「1人目の時は一生懸命離乳食を作ったけど、下の子にはあまり作った記憶がない」と口をそろえます。ママは上の子にてんてこ舞いで赤ちゃんごはんに手が回らないし、赤ちゃんは果敢に家族のごはんをつまみ食いしているうちに、同じ物を食べられるようになってしまうのでしょうね。

離乳食というと、赤ちゃんのための特別食というイメージがありませんか? 赤ちゃんのために少量の離乳食を一生懸命作って、うっかりすると、大人より豪華なメニューだったりして!? それってなんだかヘンですよね。

哺乳動物の赤ちゃんは、親と同じものを食べられるようになるまで乳を飲み、成長とともに親と同じものを自然に食べるようになります。サルもキリンもイヌもライオンも、母親は赤ちゃんに特別な離乳食は用意しません。親の食べるものを見よう見まねで食べるようになりますが、まだ歯が立たない間は、おっぱいのお世話になり続けます。

人間も哺乳動物

哺乳動物の中で、赤ちゃんのためにわざわざ特別食を作って与えているのは、一部の人間だけのように思います。それも親自身のごはんをそっちのけで、フルコース並みの離乳食を作って食べさせているという話を、サルのお母さんが聞いたらびっくりしそうです。

人間の赤ちゃんも、哺乳動物。おっぱいやミルクを飲みつつ、大人のごはんを取り分けて練習すれば、親も子どももラクなはず。「時期が来れば、赤ちゃんは自然に親と同じごはんを食べるようになる」という哺乳動物の仕組みを信じて、大人ごはんの取り分けで赤ちゃんと一緒にごはんを楽しみましょう。

大人のごはんの見直し

離乳食は「家族のごはんが健康食になる」絶好のチャンス！

まずは大人のごはん態勢を整えよう

「好き嫌いしないで何でもおいしく、よく噛んで食べる子に育ってほしい」はみんなの願いです。そんな子どもに育てるための一番のカギは、大人が「好き嫌いしないで何でもおいしくよく噛んで食べること」です。赤ちゃんは大人のまねが大好きです。大人が偏食だったり、丸呑みして早食いをしていたら、いくら赤ちゃんに「好き嫌いをしないでよく噛むのよ」と教えても伝わりません。

離乳食を機会に大人のごはんも見直してみる

離乳食の開始は、大人の食生活を見直すいいチャンス。離乳食を始める赤ちゃんにとって、身近な大人の食べ物とその食べ方が、何よりいいお手本になります。食卓を囲んでいるところを赤ちゃんに見せ、大人はちょっと意識的に何でもよく噛んで食べて見せてあげましょう。お誕生を迎えるころ、きっと赤ちゃんは上手にごはんを食べるようになりますよ。

大人ごはん、大丈夫!?

- □毎日3食をきちんと食べていますか？
- □よく噛むことを心がけていますか？
- □好き嫌いはありませんか？
- □栄養のバランスを考えていますか？
- □テレビを見ながら、など「ながら食べ」をしていませんか？

大人ごはんの献立の考え方

大人ごはんなくして、赤ちゃんごはんは作れない、というわけで、大人ごはんについて、見直してみましょう。

栄養のバランスの柱（赤ちゃんごはんも同じ）は、主食の穀類、野菜（ビタミン・ミネラル）、タンパク質の3つです。献立だと、和食では、ごはん、汁物、主菜、副菜が基本。そして野菜をたっぷりとることが理想です。と、ここまではタテマエの話。本音を言えば、忙しい子育て期に、堅苦しく考えるとうんざりしそう。でも難しく考えなくても大丈夫！

❶とにかくまずはごはんを炊く。
❷野菜を入れた汁物を用意。

ここまでは忙しくても疲れていても、とにかくがんばります（ごはんと汁物があると離乳食作りがグッとラクになるからです。詳細は第3章）。

あとは魚や肉、あるいは大豆・卵・乳製品などを使ったメイン料理（タンパク質）、野菜などの副菜（ひじきなどの常備菜や野菜の煮物、サラダやおひたしなど）を添えれば言うことなし。でも、大変なときにはお惣菜を買ってきたりして手を抜いて（P64〜65参照）。買ってきたお惣菜も、ちょっとアレンジをすれば、野菜たっぷりのヘルシー料理になりますよ。

理想：
ごはん、汁物、主菜、副菜

大変なとき：
ごはんと汁物だけでも作りましょう

汁物を作ってラクに離乳時期を乗り切ろう

汁物を作るとこんなに便利

汁物を作ると大人も赤ちゃんもいいことずくめ

普段、何気なく口にしている汁物ですが、毎日作ると、離乳食作りがとてもラクになります。その上、大人ごはんにも赤ちゃんごはんにもいいことずくめです。

味つけ前のものを多めに作っておき、フル活用

汁物を作るとき、いつもより多めに作っておきましょう。最後にみそやしょうゆ、塩、こしょうなどで味を調えてしまう前のだし汁と野菜を取り分けます。

汁物のメリット

- 毎日日替わりでいろいろな野菜を食べられる。
- だしの旨味と野菜の甘みで野菜をよりおいしく食べられる。
- 味付けの工夫で大人も赤ちゃんも一緒においしい。
- タンパク質を加えて具を充実すれば立派なメインディッシュになる。

だし汁の活用法

- 大人の固い食べ物にだし汁を加えて、すりつぶしたり煮直したりして、赤ちゃん用に柔らかく食べやすくする。
- 赤ちゃんの苦手なものでもだし汁を加えてとろみをつけると食べやすくなる。
- 大人の濃い味の料理を赤ちゃん用に薄められる。

毎日汁物を食べる習慣のないご家庭もあると思いますが、この機会に、ぜひ汁物作りに挑戦してみてください。毎日が無理な場合は、だしを多めに作りおきすれば便利です（冷蔵で2～3日保存可能。冷凍なら2～3週間もちます）。

それもちょっと難しい場合でも大丈夫。顆粒だしを使ってください（化学調味料無添加、無塩のものがおすすめです）。だしを利用すれば、離乳食作りが本当に簡単になります（第3章参照）。

P31へ

離乳食のスタート

喜びいっぱいの離乳食のスタート。時期はそれぞれの赤ちゃん次第で。

月齢だけで決めないで!

離乳食は、月齢だけではなく、赤ちゃんの様子を見てスタートします。「家族がごはんを食べていると、うらやましそうな視線でじーっと見つめられて、食べているこっちがなんだか申し訳ないような、いたたまれないような気分」になってきたら赤ちゃんにもおすそ分け(離乳食)を始めてみましょう。だいたい5、6ヶ月のころです。でもこれはまだまだ、試食の段階。

1歳ごろになると、ぐちゃぐちゃした離乳食なんて払いのけて、家族が食べている大人ごはんを、自分も食べたいと断固要求するようになります。これが自己主張の現われとともにやってくる「本物の離乳の始まり」です。

厚生労働省のガイドラインでは「離乳の開始時期は5～6ヶ月が適当である」とされていて、病院や保健所からもそのような指導をされることが多いですね。しかし、赤ちゃんによっては、5ヶ月になってもまだ消化力が不充分で、食べ物に対する興味があまりない場合もあります。無理に始めてみても「赤ちゃんが離乳食を食べてくれない」と悩むことになりかねません。

時期は赤ちゃんが教えてくれる

離乳食を始めるタイミングは、赤ちゃんが食べたそうにしているかどうかが、何よりも大事です。タイミングがよければ離乳は何の苦労もなくスムーズに進みます。

周りで同じ月齢の赤ちゃんが食べ始めても、保健所や病院で「離乳を始めないと味覚が育たない」とか「栄養が足りなくなる」と言われても、あわてないで。赤ちゃんは持って生まれた気質や個性があり、発育の仕方もスピードもそれぞれです。赤ちゃんが『食べたい』と言いだすのを待ちましょう。

離乳食の開始を判断するサイン

こんなサインが出てきたら、そろそろ離乳食をスタートさせてみては？

初めての子育てで「赤ちゃんが食べたいと言っているのかわからない」と感じるかもしれません。それでも、試し試し、迷いながら進んでいけば大丈夫！

何か試してみて、赤ちゃんがうれしそうならＯＫ。赤ちゃんが「違う！」と反応するなら、また別のことを試したり、いったん止めてみたりと、そんな感じでいいのです。

❶親が食べる箸の上げ下ろしに目が吸い付き、いかにも食べたそうに見つめてくる。

❷おすわりができるようになった（いすに腰掛けられる）。

❸ごはんをちょっぴり箸やスプーンで口元へ運ぶと口をあけて『待ってました！』とばかりに食べようとする。

❹歯がはえてきた。

❺食べているのを見るとよだれが出る。

❻誰かが食べていると一緒に口をもぐもぐさせる。

離乳食のステップの進め方

赤ちゃんが『食べたい！』と言いだしたら
いよいよ離乳食のスタートです。
「おかゆ期」「おあじみ期」「カミカミ期」「完了期」と、
赤ちゃんの様子を見ながら進めましょう。

様子を見るポイント

□食べさせるとうれしそうですか？
□便は下痢をしたり便秘になっていませんか？
□肌に赤みやかゆみなど湿疹は出ませんか？

おかゆ期（5〜8ヶ月ごろ）

赤ちゃんが乳汁以外の『味』に出合う、離乳食準備期。

- 最初はおかゆの上澄みの「おもゆ」を1さじから（第2章）。
- 1日1回食。
- 最初の1ヶ月は2〜3日でおかゆを1さじずつ増やしていき、様子を見る。
- 「おかゆ」に慣れてきたら野菜の「スープ」（第3章）も与えてみる。
- 新しい野菜を試すときは、必ず1品ずつ。
- 離乳食に慣れるのが目標なので、栄養のバランスはおっぱいやミルクに任せて。

食べる量は赤ちゃんによって個人差があるので赤ちゃんの食欲を尊重して。しかし、1歳ごろまではおっぱいやミルクの飲みが極端に悪くなるほど食べさせないように気をつけて。

穀類（主食）は力や体温を生み出すエネルギー源。白米、小麦製品（パン、うどん、パスタなど）、いも類なども穀類に分類します。大人も子どももまずは白米（おかゆ）をしっかり食べて、体を元気に維持しましょう。白米を中心にして、パンなどの小麦製品は、バリエーションとして取り入れるといいでしょう。

赤ちゃんが『試食』を始める時期。柔らかいものを舌ですりつぶすようにして味と舌触りを楽しみながら『おあじみ』を楽しめるようになるころ。

- 赤ちゃんが食べることを喜ぶようなら2回食に。
- おかゆと野菜を中心に（第4章）。
- 初めて与える食材は一度に1種類に。
- 栄養の中心はまだ乳汁で。

赤ちゃんの口の動き:
口に食べ物を入れると下唇をすりこむようにする（哺乳の延長のような動き）

赤ちゃんの口の動き:
口を一文字にむすび、上あごと舌で食べ物をつぶして食べる。

おあじみ期（7〜12ヶ月ごろ）

●おあじみ期後半ごろ（8〜9ヶ月）からはタンパク質として大豆製品が加わるので、少し栄養バランスを意識して（大人ごはんも離乳食もシンプルに考えて、主食の穀類とおかず、そして野菜とタンパク質の3要素が含まれていたらOK）。

●味つけはできるだけ薄味に。

野菜類は体の調子を整えるビタミン・ミネラル源。海藻、きのこ類、果物も含みます。子どもが食べやすい大きさに切ってトロトロに煮たり、適当につぶして離乳食に取り入れましょう。季節の野菜を使えば、何よりおいしいし、自然と様々な味に出合えます。果物は子どもも大好きですが、糖分も多いのでごはんや野菜をある程度食べられるようになってから少量与えます。

カミカミ期（11〜14ヶ月ごろ）

『ごはんらしいもの』を食べられるようになる時期。

歯ぐきでつぶして食べるようなしぐさが少しずつ見られるようになるころ。

●ゆとりがある日は3回食に。

●炭水化物（第5章）、野菜に加え、タンパク質（第6章）にも、少しずつ挑戦。

●アレルギー体質の赤ちゃんは慎重にタンパク質を試して。

●薄味を心がけて。

大豆製品・魚・肉・卵・乳製品などのタンパク質は成長に不可欠な栄養素。栄養のバランスを取るように気をつけますが、毎食、パーフェクトなバランスをとるのは大変。1日の中で何とかバランスが調整できればよし、と少し大きく考えましょう。

完了期（12〜18ヶ月ごろ）

家族と一緒の『ごはん』を食べたがるようになる時期。

歯茎や奥歯でしっかり噛んで食べるようになる。

●薄味で柔らかめであれば、かなり大人の食べ物に近づく。

本格的な離乳の時期になりますが、強引におっぱいやミルクを減らそうとすると、かえって執着してごはんを食べなくなることがあります。おっぱいやミルクを保険として飲みつつ、楽しくごはんを食べる練習を重ねていきます。いろいろなものを上手に食べて消化もできて、独り歩きの足取りがしっかりしてきたらおっぱいやミルクは卒業します。

赤ちゃんの口の動き：
食べ物を舌で片側の奥歯に運び、もぐもぐカミカミするので唇がかんでいる側に引き寄せられる。

栄養素別離乳食を進める順番 P.132〜P.137へ

離乳食はあくまでも赤ちゃんのペースで

離乳食の開始や進め方が、赤ちゃんのペースに合っていれば、離乳食はとてもラクに進みます。

早すぎても遅すぎてもダメ

ペースが早すぎるとまだ消化力が充分でない赤ちゃんのおなかには負担です。食べたものが消化されずにそのまま便に出てくるようでは、まだ食べさせるのが早いのかもしれません。度を越すと、下痢をしたり便秘になることもあります。

また、成長に見合わない固いものを大きいまま与えていると、噛まずに丸呑みばかりが上手になってしまいます。

アレルギー体質の赤ちゃんでは、食べ物を自分の体によくない異物としてアレルギー反応を誘発する可能性もあります。次々に無理な食べ物を口に入れられているうちに、食べることを嫌がるようにもなりかねません。

ペースが遅すぎると…

離乳はゆっくりならいいともいえません。子どもの成長過程では、ひとつひとつ、物事に対して最も敏感に受け止め学習しやすい時期があるものです。食べることについても、やはり子どもが食べたがるときを逃すと食に対する意欲や、噛むという機能を育てにくくすることもあるのです。

赤ちゃんの様子から必ずわかる

早すぎても遅すぎてもダメ、といわれると難しく感じるかもしれませんが、日ごろ食卓を共にしていると、赤ちゃんが食べたがる様子は必ず見て取れるものです。

食べたいと思う気持ちは、日々の見学を通して、赤ちゃん自身の中から育ってきます。大人はおいしいごはんを食べながら赤ちゃんの成長を待ってくださいね。

離乳は3歩進んで2歩下がる

離乳が始まったら着々とステップを進めなければいけないと思って、重荷に感じていませんか？　離乳の進み具合には個人差があります。

5ヶ月で早々に食べたがりだす子がいるかと思えば、10ヶ月をすぎても一向に食べる気がなくおっぱい三昧の子もいます。

よく食べると思っていたら、パタッと食べなくなってみたり、いもにハマっていもしか食べない時期があったり、風邪をひいたあとなかなか食欲が戻らなかったり、マニュアルどおりには進みませんが、それでもたいていは1歳半ごろ（遅くても2歳）には離乳が完了します。

子ども一人一人のペースで進む離乳は、山あり谷ありですが、必ず離乳完了の日は来ます。

離乳食とおっぱい・ミルクの関係

離乳食のことを考えるときに、忘れてはならないのがおっぱいやミルク。

1歳ごろまでの栄養の中心はおっぱい、ミルクで

少なくとも1歳ごろまでは、まだ消化機能が未熟なので、できるだけおっぱいやミルクを充分に与え、栄養の中心としましょう。

離乳食が遅いと特定の栄養が不足するのでは、と心配になるかもしれませんが、きちんとおっぱいやミルクを与えていれば、1歳ごろまでは深刻な栄養不足になることはありません。

また、

- ●赤ちゃんが小柄で体重が少ない。
- ●母乳が足りていないとお母さんが感じている。
- ●仕事などのために、赤ちゃんを人に預けたい。

というような場合、やはり離乳食を早く進めたくなるかもしれません。ミルクを足すより離乳食を与える方が親の気持ちはラクなのかもしれません。

ミルクも上手に利用

ミルクは「母乳の不足」を補うものというマイナスのイメージから、ミルクになるべく頼りたくないという気持ちがちょっぴりあるかとも思います。でも改めて考えてみると、ミルクは「消化吸収しやすい乳製品」であり、単純に言えば様々な加工食品の一つとして、実は大変優れた食品なのです。

そもそも離乳とは「母乳以外の食品で栄養を確保できる」ことがその目標であるとすれば、ミルクも離乳食の一品と考えて、上手に利用したいものです。ご飯がまだ無理ならおかゆにするように、牛乳はまだ無理だからミルクにする、という考え方です。

離乳が完了してごはんや牛乳など何でも食べられるようになるまで、安心してミルクも飲ませてください。もちろん母乳も、ごはんを食べられるようになる日まで遠慮なくお世話になっていいのです。

図① おっぱいやミルク大好きっ子

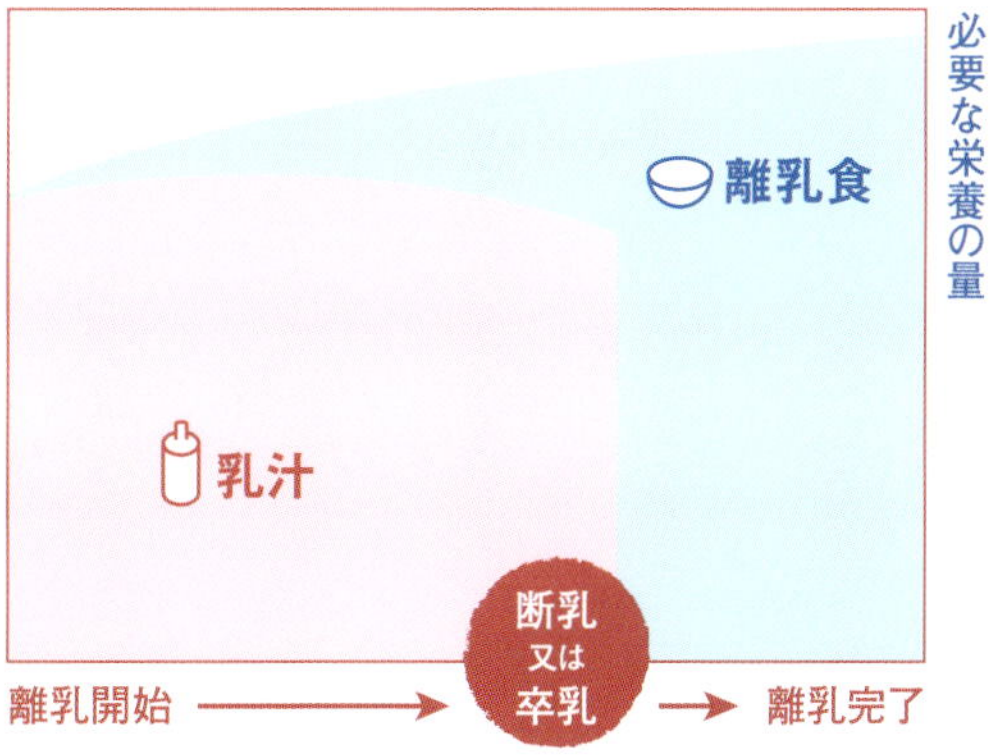

図② ごはん大好きっ子

栄養の補い方は赤ちゃんによって違う

図のように、離乳食を始めてもまだおっぱいやミルクが大好きで、乳汁を飲む子（図①）と、ごはんが大好きで乳汁の飲みがどんどん減る子（図②）がいます。

1歳過ぎまでは、離乳食を進めるために、おっぱいやミルクの量を減らす必要はありませんが、1歳半を過ぎても好きなものしか食べなかったり、気が向いたときだけ食べるムラ食いがあるようなら、断乳を考えてもいいかもしれません。断乳をすると安定してもりもり食べるようになる例は多く見られます。

取り分け離乳食作りのコツ

【離乳食を取り分けるための5つのテクニック】

大人ごはんから取り分けるための離乳食作りのテクニックはこの5つ。離乳食作りのための調理セットを用意しなくても、5つのテクニックで乗り切ることができます。

1 すりつぶす

料理の過程で子どもが食べられる食材を取り出して、だしでのばしながらつぶせば、離乳食が簡単にできあがります。

2 ほぐす

肉の柔らかい部分をお箸、フォークなどでほぐしましょう。

3 薄める（のばす）

だしを常備しておくと、大人用の味つけのものをだしでのばして薄味にできます。

4 とろみづけ

飲みこみにくい時期は、片栗粉などでとろみをつけると、赤ちゃんも食べやすいです。

5 刻む

葉野菜の葉先など、赤ちゃんが食べやすい柔らかいところを、食べやすい大きさに刻みましょう。また、野菜は「繊維」を、肉は「筋」を断ち切るように切ると、より赤ちゃんが食べやすくなります。

【繊維を断つ切り方】

玉ねぎ

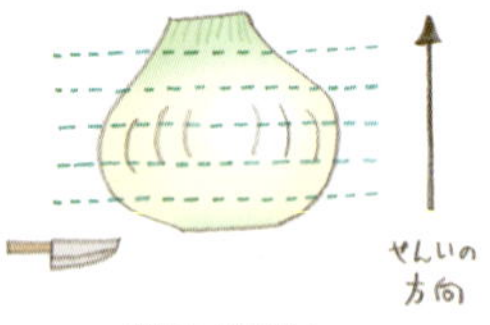

縦の繊維と直角に切る

大根

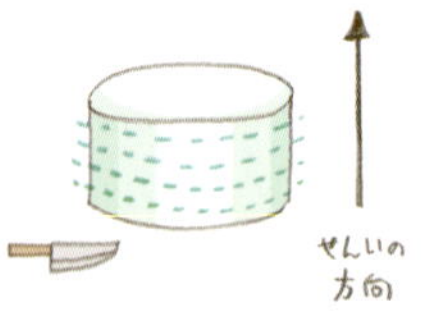

縦に繊維が走っているので横に

白菜

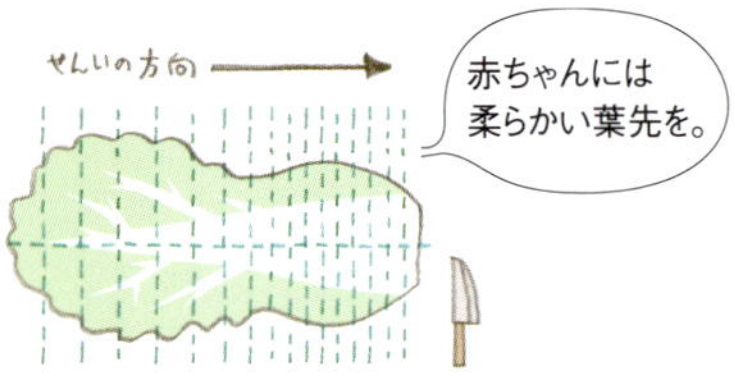

縦に切ってから繊維と垂直に細切りに

アスパラガス

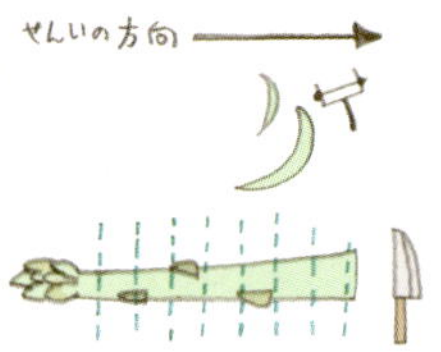

下半分をピーラーで皮をむいてから小口切りや斜めに切る

この他に、離乳食の初期には裏ごしというテクニックもありますが、裏ごしまでしなければ食べられないほど赤ちゃんが幼いのなら、もう少し成長を待って離乳を始めても構わないのです。すりつぶしてだしで固さをゆるめるだけで充分になります。

こんなに広がるアレンジ！

取り分けで

例：大根のみそ汁の場合

それぞれの調理の段階で取り分けたものは、大人ごはんや離乳食作りに大活躍します。左の図を参考に自分に合った方法を見つけてください。

材料の下ごしらえ

①だしの用意

取り分け

ⓐ取り分けただし

離乳食
- おかゆの煮直しに。
- 素材を柔らかくする。味を薄める。

大人
- 煮物などの別料理に。

だしで煮直したおかゆ

だしを使った煮物

②大根を切る

取り分け

ⓑ細かく切った大根

離乳食
- 別鍋で離乳食メニューに。(例)大根のおじや

調理

③だしに大根を入れて煮る

取り分け

ⓒ大根＋だし汁

離乳食
- おあじみ期：大根をすりつぶしてだし汁と。
- カミカミ期：粗くつぶした大根をだし汁と。

大根のすりつぶし

大人＋離乳食
- 翌日のメニューに。(例)にゅうめん、うどん、雑炊など

＊多めに作るときはⓒで取り分けておくと、翌日アレンジしやすい。

味付け

④みそを入れる

取り分け

ⓓ大根＋だし汁＋調味料

離乳食
- 完了期：ⓐのだしで薄める。または少しみそを入れた時点で取り分け

離乳食のうどん

大人用に調理したもので、濃い味つけや脂肪分が多いものを1歳を過ぎた赤ちゃんに与える場合は、湯通しをしたり、だしで薄めるなどの方法をとりましょう。

離乳食のための取り分けのタイミング

❶まだ食べられない食材が入る前
❷味つけがされる前
❸油っぽいものが入る前

こんなときどうする？

離乳食 Q&A

Q 離乳食を嫌がり、おっぱい(またはミルク)ばかり欲しがり、離乳食を食べてくれません。

A 焦って強要しては逆効果

まだ9～10ヶ月の場合は、おっぱいやミルクばっかり欲しがっても当たり前で、心配はいりません。1歳くらいまでは、あまり気にしないで、「離乳食は食べたそうにしたらあげる」くらいの気持ちで、おっぱい・ミルクを中心にゆったり進みましょう。同じくらいの月齢の赤ちゃんが離乳食を進めていたり、周りから「まだなの?」なんて聞かれたりすると、焦ってスタートさせたくなるかもしれません。けれども、まだ食べ物に興味を示さないのであれば、焦るのは逆効果です。

大人が食べて見せたこともないグチャグチャの離乳食をいきなり口に運ばれても興味の持ちようがありません。手を替え品を替え、何としてでも食べてもらいたいとムキになると、口も開けなくなる子がいます。早い段階から離乳食を強要して、食べることが嫌になってしまっては困りますね。眠くなったら眠り、ウンチを催したら出し、「おなかがすいたら大人がおいしそうに食べている体によいものを食べる」という自然な欲求を大切に。大人がおいしくごはんを食べている様子を毎日見学しているうちに、赤ちゃんは必ず大人のごはんを食べたがるようになりますよ。

Q 初めて食べる食品を与えるときは何に注意したらいいですか？

A 赤ちゃんの機嫌、ウンチ、皮膚をよく観察して

離乳食をスタートして1ヶ月くらいは初めての食品は、一度に1品にします。万が一何か反応が出た場合、食材を特定しやすいからです。ひと口あげて、喜ぶようであれば、二～三口あげても構いません。新しい食材を与えたときは、赤ちゃんの機嫌、便、皮膚の状態に気をつけて観察しましょう。

Q まだ4ヶ月だけど、体が大きいので、早めに離乳食を始めていいですか？

A 体の大きさで開始時期を決めないで

離乳食の開始は、体重ではなく赤ちゃんの発達や様子を見て決めましょう。体が大きくても、4ヶ月前では胃腸の消化吸収能力も未熟です。5～6ヶ月が目安といわれるのは、首がしっかりすわっている、支えると座れる、食べ物を見るとよだれが出るなど赤ちゃんの体の準備が整ってくるころだからです。それでも、食べ物に対する興味の有無などは個人差があるので、開始はそれぞれの赤ちゃんによって大きく違ってきます。離乳食は、一概に体が大きいからといって始めるものではありません。よく赤ちゃんを観察して始める時期を見極めましょう。

第2章

お米のおいしさを味わおう

おかゆ

寝返り、おすわり・・・いろいろな初めてを重ねて、
いよいよ迎える赤ちゃんの初めてのごはん。
家族が同じ釜のごはんを分け合って食べる幸せ。
記念すべき最初のひと口は、
大切に炊き上げたおかゆから。

離乳食はおかゆから

おかゆのやさしい甘みは母乳の甘みによく似ています。あっさりとした自然の甘みは赤ちゃんが最も親しみやすい味です。そしてお米は日本人にとってなじみの深い主食。どんな料理にも合い、毎日食べても飽きません。

まず赤ちゃんが食べたがっているかどうか、赤ちゃん自身に聞いてみてください。大人の茶碗からごはんをひと口、赤ちゃんに差し出してみて、赤ちゃんが口をあけて欲しがるようなしぐさをするなら、おもゆを食べさせてみましょう（P12参照）。おもゆとは、炊きたてのおかゆの上澄みです。

いよいよスタート、となったら一度思い切って、土鍋や厚手の鍋で本格的なおかゆを炊いてみませんか？ 赤ちゃんが初めて出合うごはんの味が、おいしく炊き上げた本格おかゆなら、きっと赤ちゃんも喜びます。でも、ハードルが高いと感じる方は、炊飯器で炊くこともできるのでご安心を。

最初のころは、唇をうまく閉じられずおもゆをダラリとこぼしたり、上手に飲みこめないかも。初めてのおもゆにおいしそうな表情をする子もいれば、びっくりして「ヘンなもの食べちゃった」というような顔をして口から出してしまう子もいるでしょう。

無理にスプーンを押しこんだりせずに、赤ちゃんが口をあけてくれるのを待ちましょう。おもゆに慣れたら、おかゆを試し、少しずつ水の量を減らしておかゆを硬くしていきます。赤ちゃんの様子を見ながら、試し試し進めましょう。慣れてきたらおかゆにだしを加えてもいいでしょう。おかゆを嫌がる子にはほんの少し塩で味をつけると喜ぶこともあります。

おかゆ・ごはんステップ表

初期はもちろんのこと、その後もお米を中心とした離乳食を進めましょう。ごはん、汁物におかずをプラスした和食の献立に自然と移っていきやすいでしょう。

離乳食のスタート　**おもゆ**

おかゆの上澄み（とろりとさらりの中間くらいのもの）を1さじあげることからスタート。興味を示さなかったり、吐き出したりしたらもう少し待ってみましょう。

おかゆ期　**10倍〜5倍がゆ**

お米1に対して水10で炊いたものをすりつぶして。初期はとろりとしたものを数さじ。だんだんとスプーンですくうとポタッと落ちるくらいに。後半から、塩味を少し足したり、だしでのばしたおじやも。

【おかゆの進め方】

●**離乳食スタート**：最初のひと口は機嫌のいい日中におかゆの上澄み（おもゆ）を小さじで1さじ。喜んで食べたら、翌日も1～2さじ与え、少しずつ量を増やす。

●**おかゆ期**：おもゆに慣れたら、10倍がゆをすりつぶして。離乳食をスタートしてから1ヶ月くらいはおかゆを中心にして、無理に食材を増やす必要はない。10倍がゆにも慣れてきたら、野菜スープやこんぶだしでのばしたおじやも。

●**おあじみ期**：5倍がゆ、3倍がゆと徐々に水分を減らしていく。かつおやいりこなど魚だしでのばしたおじやや野菜を使ったアレンジがゆも。

●**カミカミ期**：3倍がゆから軟飯に。しらす干しや白身魚のおじやも。

●**完了期**：多めの水で炊いた軟飯から、大人と同じごはんへ移行していく。

Point！

- □ 最初のひと口はおもゆを
- □ おもゆに慣れたら10倍がゆをすりつぶして
- □ 徐々に水分を減らしておかゆを硬く
- □ 進め方は少しずつ試しながら行きつ戻りつ
- □ おかゆに慣れてきたらだしを加えてもOK

完了期 **軟飯～ごはん**

お米1に対して水を1.2～1.5に。噛む力を育てるために、軟らかすぎないように。食べられる食材は増えますが、味つけはごく薄味にしましょう。

カミカミ期 **3倍がゆ～軟飯**

お米1に対して水を3に。歯ぐきでつぶせる硬さに。丸呑みしないでモゴモゴと口を動かしていたら飲みこんでいるかを確認して、硬さ、水分の量を調節して。しらす干しや白身魚のおじやも。

おあじみ期 **5倍～3倍がゆ**

お米1に対して水を5に。除々に水分を減らしてベタベタ状にします。またつぶし方も粗くしていき、舌でつぶせる程度に。野菜をのせたおかゆやおじやも。

鍋で炊く基本のおかゆ

きちんと炊くおかゆはやっぱりおいしい!

約70分（米の下準備・浸水時間は除く）

〈材料〉作りやすい分量

10倍がゆ	米	½カップ
	水	5カップ
5倍がゆ	米	½カップ
	水	2½カップ
3倍がゆ	米	½カップ
	水	1½カップ
軟飯	米	1カップ
	水	1⅕〜1½カップ

※上記の割合を参考に鍋の大きさで調整してください。

〈つくりかた〉

1 米はとぎ、ざるに上げて水をよくきる。

2 鍋に米と分量の水を入れ、30分ほどおく。

3 フタをして強火にかける。沸騰したら弱火にし、フタをずらして50分ほど炊く。

ふきこぼれに注意。

4 火から下ろし、フタをして10分ほど蒸らす。

力を入れずにやさしくとぐ。

ぐつぐつ沸騰したら弱火に。

離乳食のスタート	炊いたおかゆの上澄み（おもゆ）を取り分けて冷ます。
おかゆ期	10倍〜5倍がゆ 炊いたおかゆをすりつぶして硬さを調整する。
おあじみ期	5倍〜3倍がゆ
カミカミ期	3倍〜軟飯
完了期	軟飯〜普通のごはん

Point!

土鍋や厚手の鍋で炊くおかゆは断然おいしいので、手はかかるけど、一度は試してみる価値あり！
水加減、火加減に慣れれば、おかゆ作りは意外に簡単。おなかにもやさしいので、大人の休日ののんびりごはんにぴったり。

【おかゆの作り方いろいろ】

ママたちで試してみました！

鍋で炊くおかゆはおいしいけれど、毎日はなかなかできません。
おかゆを炊く方法は他にもあります。
炊き方でそれぞれおいしさ、手軽さを試してみたので、
これを参考に自分に合う方法で炊いてみてください。

炊飯器におかゆ用のカップを入れて

炊飯器でごはんと同時におかゆが炊けるカップが市販されています（湯のみでも代用可能）。必要な分だけ簡単に炊けて便利ですが、味はやはりそれなり!? 炊きたてはまずまずなので、できれば炊きたてを。

味（炊きたて）:★★
（フリージング）:★
手軽さ:★★★★★

炊飯器で炊くおかゆ

一番手軽なのは、やはり炊飯器。炊飯器はどんどん進化しているので、いい炊飯器のおかゆモードだとかなりおいしく炊けます。ただし、フリージングしたら味は落ちます。できれば炊きたてを!

味（炊きたて）:★★〜★★★★
（フリージング）:★★〜★★★
手軽さ:★★★★

土鍋で炊いたごはん

やはりコトコト煮たおかゆの味は格別。時間はかかるけれど、決して難しくはないので、余裕のあるときはぜひ挑戦してみて。きちんと炊いたおかゆのフリージングはくせもなくおいしいです。

味（炊きたて）:★★★★★
（フリージング）:★★★★
手軽さ:★

ごはんから作るおかゆ

ごはんにお湯または水を足して煮直したものはおいしくありません。だし汁を使えばおいしいおじやになるので、ごはんを煮直すときはだし汁を使って。必要な分だけその都度作れるので、重宝します。

味（炊きたて）:★　（だしで煮直した場合）:★★★★
（フリージング）:★
手軽さ:★★★★★

ママたちがランキング
おいしさ・手軽さ★いくつ？

★★★★★　すごくいい
★★★★　いい
★★★　まあまあ
★★　あまりよくない
★　よくない

フリージングのおかゆも味比べ

おかゆを炊いても赤ちゃんが食べるのはほんの少し。残りは？ 毎日大人がおかゆを食べるのも難しいです。そんな時に頼りになるのはやはりフリージング。炊きたてに比べてどうしても味は落ちますが、ひと手間加えれば充分活用できます。

結論
おいしさ順位

1位　土鍋
2位　炊飯器
3位　炊飯器にカップ
4位　ごはんから作るおかゆ

土鍋が一番おいしいけれど、炊きたてなら、他のどの炊き方でもまずまず。炊きたてを食べさせてあげられるなら、無理のない方法で大丈夫。でも、毎回炊きたてをあげるのが難しいときは、ごはんをだし汁で煮直すか、ちょっとがんばって鍋でおかゆを炊いたものをフリージングして使うのがおすすめ。

＊味の評価は複数のママで食べ比べをした結果を掲載していますが、主観的なものです。

トッピングおかゆ

約12分

だし汁とトッピングで大人も赤ちゃんもおいしい

〈材料〉大人❷＋赤ちゃん❶

ごはん ……100g（茶碗大盛り1杯くらい）
だし …………………………… 300cc
しらす干し ……………………… 適宜

〈つくり方〉

1 赤ちゃん用のしらす干しはざるにのせて熱湯を回しかけておく。

2 鍋に分量のだしとごはんを入れて、中火にかけ、8〜10分ほど煮る。

2 器に盛り、1のしらす干しをのせる。

Point！

しらすは塩分を抜くためにも熱湯を必ずかけて。タンパク質源をとりたいときは、加熱した白身魚や豆腐、細かく裂いたささみなどでも。

野菜がゆ

約15分

おかゆに慣れてきたら、野菜やだしで変化をつけて

〈材料〉大人❷＋赤ちゃん❶

ごはん …… 100g（茶碗大盛り1杯くらい）
水 ……………………………… 350cc
かぼちゃ（皮つきのまま2cm角に切る）60g
こんぶ（5cm角） …………………… 1枚

〈つくり方〉

1 鍋に分量の水とこんぶを入れて火にかけ、沸騰直前にこんぶを取り出す。

2 ごはんとかぼちゃを加えて、中火で10〜12分ほどアクを取りながら煮る。

Point！

かぶやじゃがいも、人参でも。いろいろな野菜を試してみて。大人は塩で味を調えて。

ひと工夫で

大人も大満足のおかゆ

赤ちゃんのためにおいしく炊いたおかゆ。
せっかくだからたまには大人も一緒に、トッピングを楽しんで。
いろいろ試して、オリジナルのトッピングを見つけてみよう

❶バターたらこ／バターとたらこの相性は抜群。**❷塩こんぶ**／やっぱり日本の伝統食、佃煮はおかゆにぴったり。**❸キムチ**／おかゆが進んでいくらでも食べられそう。**❹黄身のしょうゆ漬け**／しょうゆに卵黄を30分漬けるだけで風味抜群。**❺ザーサイ**／のせるだけで中華風がゆに様変わり。お好みでごま油をかけても！

こんなときどうする？

離乳食 Q&A

Q 離乳食を始めてからウンチがゆるくなりました。どうしたらいいでしょうか？

A 離乳食の量や固さを見直して負担が大きいときは一時中断しても

乳汁しか飲んでいなかった赤ちゃんが、食べ物を食べ始めるので、ウンチに変化は出やすいです。赤ちゃんの機嫌がよければあまり心配せずに様子を見ますが、下痢っぽさが長く続くようなら、食べている量や固さを見直しましょう。食べる量が多い、食材が固い、繊維質が多い場合は、消化不良となりやすいです。下痢だけでなく便秘になることもあり、排泄に苦労するようであれば、赤ちゃんにとってまだ離乳食の荷が重い可能性もあります。離乳食のステップを少し前に戻して柔らかくしたり、量を減らしてしばらく様子を見ます。

それでも調子が整わないときは、一時離乳食を中断してみても構いません。離乳食は赤ちゃんの食べたがる様子やおなかの調子を見ながら数日くらいなら中断しても全然差し障りありません。その間、おっぱいやミルクを飲んで体調の立て直しを優先します。ウンチの調子が落ち着いたら離乳食を再スタートします。

Q 離乳食をたくさん欲しがりますが、欲しがるだけあげても大丈夫？

A 早い時期のドカ食いは丸呑みのクセがつきやすいので注意

1歳ごろまでは消化吸収力がまだ充分とはいえないので、栄養の中心はおっぱいやミルクと考えます。食欲旺盛な赤ちゃんの中には、口に入れた途端飲みこんでしまったり、口の中にやたらと詰めこみすぎて吐きそうになっている子もいます。早い段階からたくさん与えすぎると、丸呑みのクセがつきやすいので気をつけます。

どうしてもたくさん欲しがる赤ちゃんは、離乳食の前におっぱいやミルクを与えてください（ごはんの支度を始める前に飲ませておくと、食事のころにはおなかが落ち着いているのでドカ食いをしなくなります）。

1歳2～3ヶ月ごろまでは、食事の中の1品として、またはおやつとしておっぱいやミルクを与え続けた方が、赤ちゃんにとって負担がなく、安心です。

赤ちゃんの口の動きが、奥の歯ぐきでしっかり噛めていて、よく消化され未消化物の少ないウンチになってきているのなら、乳汁中心から離乳食中心にしてください。

Q 離乳食の味つけはどうすればいいですか？調味料を使ってもいいでしょうか？

A 7～8ヶ月ごろから少量ならOK

おもゆやおかゆをそのままでは嫌な顔をして食べないようなら、ほんの少量の塩を入れても構いません。

6～7ヶ月の野菜スープはまずは味つけなしで、だしの旨味や野菜の甘みを味わえるように与えてみますが、7～8ヶ月ごろからごく少量のみそやしょうゆで味つけをしてみましょう。カミカミ期ごろからはマヨネーズやケチャップも登場しますが、濃い味つけに頼らないように控えめを心がけてください。

第3章

汁物さえあれば簡単！
離乳食の救世主

汁 物
（みそ汁、スープ）

1日1回、みそ汁などの汁物を作れば
離乳食作りはびっくりするくらい簡単に。
大人も赤ちゃんも手軽に
野菜のある食生活が送れて
いいことずくめ。

汁物を作ると大人ごはんも離乳食もラクに

汁物は離乳食作りに欠かせない

だし汁の旨味で、大人も赤ちゃんも手軽においしく野菜がとれます。その上、麺やごはんを入れたり、味つけを変えたり…。多めに作っておけば、次のごはんの準備もラクになり、いいことずくめです。

みそ汁やスープを多めに作って、味つけ前にだし汁を取り分けてください。このだし汁さえあれば、大人ごはんからの取り分けを、柔らかくすりつぶしたりするときに使えます。

また、汁物は味をのばしたりするのにも便利です。親のために作ったり買ってきたおかずは、味が濃く、固いので、やはりこのだし汁を使って味を薄めたり柔らかく調整します。

さらに便利なのが、汁物を多めに作っておけば、翌日の大人と赤ちゃんのごはんにも使える点です。多めに作ってみそなどの味をつける手前で取り分けて、当日食べる分以外は冷蔵庫にストックします。翌日は姿を変えて違う料理に変身！

汁物があれば、親のごはんを赤ちゃん用に調整して簡単になんでも親子一緒に食べることができるのです。この機会にみそ汁、スープなどの汁物を1日に1回、作るのを習慣にしませんか？

【汁物の進め方】

● **おかゆ期**：おかゆに慣れてきたら、大人の汁物の味つけ前のだしを少しずつ与えてみて。だしはまずはこんぶだしから。

● **おあじみ期**：小さなすり鉢にだしと野菜も少量、取り分けてすりつぶしてあげてみて。

● **カミカミ期**：だしと野菜に慣れてきたら、かつおこんぶだしやいりこだしなど動物性のだしでも、少しずつ様子を見ながら。ほんの少しの塩やみそ、しょうゆなどで味をつけてあげたらとても喜ぶ。

● **完了期**：和風だしに慣れたら、中華だしやコンソメも試してみても。

P48へ

Point!

- □ 汁物を1日1回作ってみよう
- □ 野菜を手軽においしくとるには汁物が一番
- □ 離乳食は汁物を中心にするとラク
- □ 味つけ前にだしを取り分けて、離乳食で活用
- □ まずはこんぶだしから慣れてきたらかつおぶしや煮干しにもチャレンジ

基本のだし

おいしいだしは料理の要。
基本をマスターすれば、料理の味もUP！

こんぶ

●**おかゆ期後半から**

水だし

水につけておくだけの簡単だし

〈材　料〉作りやすい分量

水　1000cc
こんぶ　30g（10cm角3枚）

〈作り方〉

1. こんぶは固く絞った布巾で軽く拭いて汚れを落とし、分量の水に半日つけておく。
2. こんぶを取り出す。使用するときは火にかけて使う。

表面の白い粉は旨味成分なので落とさないで。作っただしは冷蔵庫で2～3日保存可能だけど、できるだけ早めに使いきって。干し椎茸を少し入れても。軟水の方がよりこんぶのだしが出やすいので、軟水のミネラルウォーターで作るのもおすすめ。

こんぶだし

素材本来の持ち味を生かす控えめなだし

〈材　料〉作りやすい分量

水　1000cc（できれば軟水を使うとよりおいしいだしが出る）
こんぶ　10～15g（10cm角1～2枚）

〈作り方〉

1. 固く絞った布巾で軽く拭いて汚れを落とす。
2. 鍋に分量の水とこんぶを入れて（できれば30分以上つけておくとよい）中弱火にかけ、沸騰直前にこんぶを取り出す。
3. 中火にかけ、アクをすくう。

沸騰させるとこんぶはぬめりが出ておいしくないので、火加減に注意！

合う料理：貝類などのお吸い物、湯豆腐、鍋物、煮魚、ふろふき大根、酢飯、酢の物、浅漬けなど、素材本来の味を生かす料理
選び方：肉厚で、香りがよく、緑褐色でツヤがあるものを選ぶ。
こんぶの保存方法：5～10cmくらいの長さに切って、缶やビンなどに入れておくと使いやすい。

かつおこんぶ

●**おあじみ期後半から**

かつおこんぶだし

くせがなく使い勝手のいい和風だし

〈材　料〉作りやすい分量

水　1000cc
こんぶ　10g（10cm角1枚）
かつおぶし　20g

〈作り方〉

1. 固く絞った布巾で軽く拭いて汚れを落とす。
2. 鍋に分量の水とこんぶを入れて中弱火にかけ沸騰直前にこんぶを取り出す。
3. ひと煮立ちさせてアクをすくい、かつおぶしを加えて5秒ほどで火を止め、かつおぶしが沈み、好みの濃さにだしが出るのを待つ（3～5分）。
4. ざるにペーパータオルやさらしを敷き、**3**をこす。

こんぶを取り出した後、かつおぶしを加える

かつおぶしをこす

沸騰させると雑味が出るので注意。

合う料理：煮物（肉じゃが、筑前煮）出し巻き卵、和え物、おひたし、ごま和え、炊きこみご飯、丼物、麺のつゆ、鍋全般
選び方：見た目にきれいな色でツヤがよく、形が崩れていないもの。開封したらなるべく早く使い切る。
かつおぶしの保存方法：しっかり空気を抜いて密封し、乾燥した冷暗所（冷蔵庫）に。粉末のかつおぶしも便利。

いりこ・煮干し

● カミカミ期から

いりこ・煮干しだし 独特のコクとしっかりとした味わいのだし

〈材　料〉作りやすい分量

水　1000cc

煮干し　20g

〈作り方〉

❶ 煮干しの頭と内臓を取り除き、骨にそって2つに引き裂く。

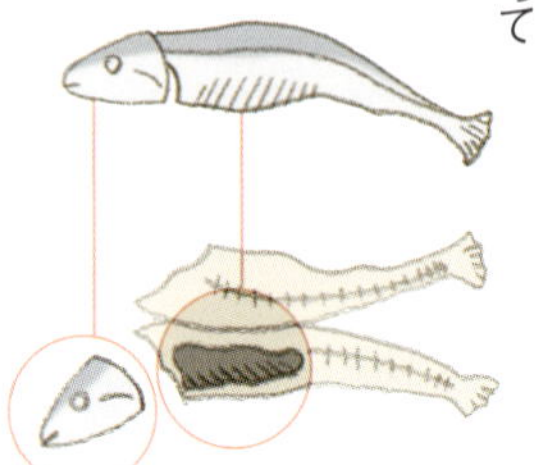

この部分を取る

❷ 鍋に分量の水と**1**の煮干しを入れて30分以上つけておく（前の晩につけておいても）。

❸ **2**を中火にかけ、アクを取り、煮立てないように弱火にして、4〜5分煮出し、火を止める。

❹ 煮干しを出す。

フライパンで炒ってから使うとより香ばしく。煮立てるとえぐみが出るので注意。だしを取ったいりこは、捨てずに、南蛮漬けやサラダに入れたり、フライパンで炒って自家製ふりかけに。お手軽に粉末のいりこを活用しても。

合う料理：複数の素材を一緒に煮炊きする料理に。みそ汁（麦みそ）との相性がよい。けんちん汁や、しっかりとした味の煮物、さぬきうどん、おでんなど、お好みで。

選び方：背中が盛り上がって、くの字になっているものが鮮度がいい。反対に、おなか側が盛り上がって曲がっているものは、生臭みが出てしまうので、なるべく避ける。

いりこ・煮干しの保存方法：密閉容器に入れて、冷蔵庫で保存。

干し椎茸

● おかゆ期後半から

干し椎茸だし 和食から中華料理まで幅広い料理に

〈材　料〉作りやすい分量

椎茸　6〜8枚

かぶるくらいの水

〈作り方〉

❶ 1時間以上〜半日ほど、かぶるくらいの水につけて戻す。

少なめの水で時間をかけて戻すと、濃いだしに。急いでいるときはぬるま湯に砂糖をひとつまみ入れて。電子レンジにかけるとさらに早く戻せます。スライス干し椎茸も短時間で戻せて便利。その他にも干し貝柱、干しえびもおいしいだしが。

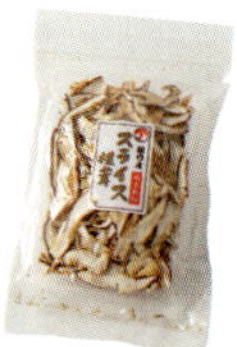

合う料理：だしがたっぷり出るので、煮こみ料理やすまし汁、ちらし寿司や炊きこみご飯、中華の炒め物や、スープに。

選び方：よく乾き、肉厚で、ひだが黄白色、かさが欠けていないものを選ぶ。

干し椎茸の保存方法：湿気を避け、密閉容器に入れて。

使い方豆知識

- □ **動物性の具材（肉・魚など）には植物性（こんぶ・干し椎茸など）のあっさりだし**
  具材自体から旨味が出るので、あっさりだしで
- □ **植物性の具材（野菜など）には動物性（かつおだし・いりこだし・肉、貝）のだし**
  シンプルな具材には濃いめのだしを
- □ **ブレンドだしは「植物＋動物」**
  例えば、「こんぶ＋かつお」、「こんぶ＋にぼし」、「干し椎茸＋鶏」、「野菜＋貝柱」など

手間はかかるけど とっておきのメイン料理に使ってみたいだし

鶏肉

● カミカミ期から

あっさりとした旨味のあるだしでアレンジ料理を

チキンスープ

〈材料〉作りやすい分量

水　1600cc
鶏もも肉　1～2枚
しょうが　1片
長ねぎ(青いところ)　10cm
酒　大さじ1

〈作り方〉

❶ 鶏肉は白い脂身を包丁などで取り除き、余分な脂を落とす。
❷ 鍋に分量の水、鶏肉、しょうが、長ねぎを加えて中火にかける。
❸ 沸騰したらアクを取りながら、弱火で1時間ほど煮こんだら、長ねぎ、しょうがを取り出す。
❹ 冷めてから、鶏肉を取り出す。

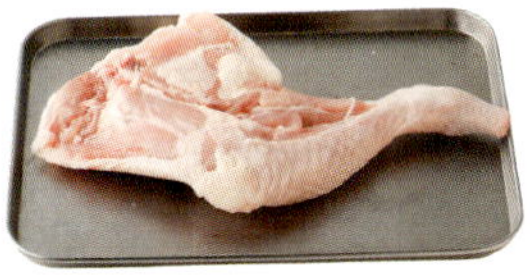

脂身を取り除く下処理をしっかりすると、鶏臭さが取れ、さっぱりとしたスープに。アクはしっかり取って。鶏は冷めてから取り出すと肉が固くなりません。骨付き肉だとさらにおいしいだしが出ます。お好みで、野菜だしやこんぶ、干し椎茸とブレンドしても。

合う料理：和洋中、どれでも使える便利なスープ。麺・春雨・ギョーザを入れてもおいしい。

スープの保存方法：冷蔵庫で2～3日。冷凍庫で約2～3週間。

- 鶏は裂いて、サラダに入れたり、スープや麺に入れることも。
- スープは野菜を入れて栄養満点の野菜スープに。
- その他、鍋や煮こみのスープに。

アレンジメニュー：スープと鶏肉を使ったラーメン

野菜

● おあじみ期後半から

野菜のやさしい甘みでお料理にもまろやかな深みが

野菜だし

〈材料〉作りやすい分量

水　1600cc
キャベツ　葉3～4枚
玉ねぎ　中1個
人参　中1本
大根　6～8cm
こんぶ　5g(5cm角)

〈作り方〉

❶ キャベツはよく洗う。玉ねぎは皮をむいて半分に切る。人参、大根は皮つきのまま縦半分に切る。
❷ 鍋に分量の水、こんぶを入れて火にかけ、沸騰直前にこんぶを取り出す。野菜を加えてアクを取りながら、弱火で静かに50分ほど煮る。
❸ 野菜をこす。

野菜を加える

こした後の野菜スープ

きのこや、ごぼう、長ねぎ、にんにく、しょうがなど、風味や味の出る野菜をお好みで加えて。残った野菜はつぶして、ミキサーにかけて、ポタージュや煮こみに入れても。

合う料理：パスタやリゾット、煮こみなど。

野菜だしの保存方法：冷蔵庫で2～3日。冷凍庫で約2～3週間。

インスタントだしの活用

忙しいときは無理をしないで、インスタントだしもうまく活用しましょう。できるだけ化学調味料が無添加で無塩のものを選ぶといいでしょう。和洋中のだしがパック、顆粒、キューブなどの様々な形状となって売られています。

大人

みそ汁

毎日飲んでも飽きない
日本の味

じゃがいもとキャベツのみそ汁

約10分

〈材料〉 大人❸〜❹＋赤ちゃん❶

じゃがいも（5mm幅のいちょう切りにして水に浸す）	中1個
キャベツ（食べやすい大きさに切る）	2枚
油揚げ（熱湯をかけて油抜きしてから、1cm幅の細切りに）	½枚
だし	800cc
みそ	大さじ3強

〈つくり方〉

1 鍋にだしと水気をきったじゃがいもを入れて中火にかける。煮立ったら、キャベツ、油揚げを加えてじゃがいもが柔らかくなるまで煮る。

- **おあじみ期** じゃがいもをだし汁で柔らかくすりつぶす。またはキャベツをだし汁でクタクタに煮てすりつぶす。
  （おあじみ期後半からごく薄くみそを入れても。）
- **カミカミ期** キャベツ、油揚げは刻む。じゃがいもは歯ぐきで噛める大きさに。

2 火を止めてみそを溶き入れ、中火で温める。煮立つ前に火を止める。

- **完了期** キャベツ、油揚げは小さめに切る。みそ汁をだし汁でのばす。
  （みそを少し入れたところで取り分けてもOK。）
- **大人** お好みで七味などをかけても。

Point!

キャベツの芯も甘くておいしいので、大人はぜひ入れて食べてみて。

あさりのみそ汁 ●●●

約5分（砂出しの時間は除く）

〈材料〉大人❸〜❹＋赤ちゃん❶

あさり（砂出ししたもの） 250〜300g
水 ………………………… 600cc
こんぶ（約5cm角） ……………… 5g
みそ ……………………… 大さじ2強
万能ねぎ（小口切り） ………… 適宜

〈つくり方〉

1 鍋に分量の水とこんぶを入れて火にかけ、沸騰直前にこんぶを取り出す。

初めて貝類を口にするときは少量で様子を見て。

2 あさりを入れて強火にかけ、あさりの口が開いたら、アクを取り、火を止める。

カミカミ期前半 汁をだしでのばす。

3 みそを溶き入れ、中火で温め、煮立つ前に止める。万能ねぎを散らす。

カミカミ期後半＋完了期 みそをほんの少し入れたところで取り分けて。味つけは控えめに。

大人 温かいうちにいただく。

Point!

砂出しが必要な場合は、顔を出す程度の水にあさりを2〜3時間ひたす。海水と同じ3%程度の塩水が理想。新聞紙などで暗くしよう。

大根と豆腐わかめのみそ汁 ●●●●

約10分

〈材料〉大人❸〜❹＋赤ちゃん❶

大根（いちょう切り） ……… 4〜5cm
大根の葉（小口切りにし、洗って水気をきる） ……………………… 10cm
絹豆腐（さいの目に切る） …… ½丁
乾燥わかめ（水で戻す） ………… 2g
だし ………………………… 800cc
みそ ……………………… 大さじ3強

〈つくり方〉

1 鍋にだしといちょう切りした大根を入れて火にかけて強火にする。

2 煮立ったら中火にしてアクを取り、大根に火が通るまで煮る。

おあじみ期 2の大根をだし汁で柔らかくすりつぶす。

3 2に豆腐を加えたら、1分ほど煮てわかめを加えてひと煮立ちさせる。

カミカミ期 わかめを小さく切り、大根と豆腐は粗くつぶす。だし汁でのばす。

4 火を止めてみそを溶き入れる。大根の葉を加えて中火で温め、煮立つ前に火を止める。

完了期 具材を食べやすくほぐし、みそ汁をだし汁でのばす。

みそを溶く前のだし汁を取り分けておくと、他の料理の取り分け離乳食にも使えて便利。

大人 お好みで七味などをかけても。

Point!

みそを入れたら煮立たせないのがポイント。大根は水から煮た方が、中まで柔らかくなる。家にあるいろいろな野菜で作るときは、具材は2〜3種類にすると、それぞれの具材の味をより楽しめる。

白身魚と豆腐のすまし汁 ●●●● 約10分

さっぱりしていて赤ちゃんも食べやすい

〈材料〉 大人❷～❸＋赤ちゃん❶

白身魚（切り身）生だら（食べやすい大きさに切る）…………………… 2切れ
絹豆腐（さいの目に切る） …… ½丁
貝割れ菜（根元を切り落とす）… 適宜
＊ 水 …………………… 600cc
＊ こんぶ（約5cm角） ………… 5g
＊ 酒 …………………… 小さじ1
＊ 薄口しょうゆ …………… 小さじ2
塩 …………………… 小さじ½

＊の代わりに白だしを使って、塩で味を調えればお手軽。

〈つくり方〉

1 魚はざるにのせて塩を振り、しばらくしてから、熱湯をかけ回す。

2 鍋に分量の水とこんぶを入れて、沸騰直前にこんぶを取り出す。

おあじみ期 豆腐をだしでのばして。

3 2に酒、豆腐を加えて煮立て、薄口しょうゆ、塩で味つけし、1の魚を入れて温める。

カミカミ期 具材を軽くつぶして、だし汁でのばす。

完了期 具材を食べやすい大きさにする。

味が濃いと感じたらだし汁でのばして。

大人 椀に盛り、貝割れ菜をのせる。

Point!

たいなどの白身魚や、鶏肉などでも合う。豆腐の代わりにおふを浮かせても。貝割れ菜の代わりに三つ葉だと上品な味に。

豚汁 ●●●● 約20分

1品で野菜もタンパク質もとれるスグレモノメニュー

〈材料〉大人❹～❺＋赤ちゃん❶

豚肉（こま切れ）
（ひと口大に切る）………… 250g
じゃがいも（厚めのいちょう切り）
…………………………… 中1個
大根（いちょう切りまたは短冊切り）※
………………………… 5～6cm
人参（短冊切り）…………… 中½本
長ねぎ（1cm幅の小口切り）… ½本
だし ………………………… 900cc
みそ ……………………… 大さじ4強
酒 ………………………… 大さじ1

※繊維を断ついちょう切りだと、完了期の子どもも噛みくだきやすい。

〈つくり方〉

1 鍋にだし、酒、じゃがいも、大根、人参を入れて煮る。

おあじみ期 野菜をだしでのばし、つぶす。

2 野菜が柔らかくなったら豚肉と長ねぎを加え、豚肉に火が通ったら火を止める。

カミカミ期前半 野菜とだしをレンジでよく加熱し粗くつぶす。ごく薄味に。

カミカミ期後半 具材を歯ぐきでつぶせる大きさ、固さに。

3 みそを溶き入れてから中火で温め、煮立つ前に火を止める。

完了期 食べやすい大きさに切って、だし汁でのばす。

大人 お好みで七味などかけても。

Point！

具だくさんの豚汁はメインディッシュになる。具は地域によって様々。
さつまいもや、里いも、きのこ類や、こんにゃくなど加えてもボリューム満点。

けんちん汁

約20分

野菜たっぷりのヘルシー汁

〈材料〉大人❹～❺＋赤ちゃん❶

- 大根（いちょう切り）……… 5～6cm
- 人参（いちょう切り）…………… ½本
- ごぼう（5mm幅の斜め切りにして酢水〈分量外〉につける）………… ½本
- しめじ（石づきを取り、小房に分ける）………………… ½パック（100g）
- 木綿豆腐（ペーパータオルに包み水気をきる）……………… 1丁（300g）
- 万能ねぎ（小口切り）………… 適宜
- だし ………………………… 900cc
- しょうゆ………………… 大さじ2 ½
- みりん ……………………… 大さじ1
- 塩 ………………………… ½弱
- ごま油 ……………………… 小さじ2

〈つくりかた〉

1 鍋にだし、大根、人参、ごぼう、しめじを入れて中火で10分ほど煮る。アクを取る。

ごぼうは繊維が固いので、入れる場合は繊維を断ち切るような切り方を。

2 野菜が柔らかくなったら、豆腐をちぎりながら入れ、しょうゆ、みりん、塩を加えてひと煮させ、ごま油を回しかける。

おあじみ期 味つけする前の野菜をだし汁でのばしながらすりつぶす。

カミカミ期 ごく薄味で。野菜と豆腐を小さく刻む。

3 万能ねぎを散らす。

完了期 具材を食べやすい大きさにする。汁はだし汁でのばす。

大人 温かいうちにいただく。

Point!

じゃがいもや里いもを入れるとボリュームUP！
炒めないで作って、油少なめでヘルシーに。
離乳が進んでいたら先に具材を炒める定番の作り方で。

冷や汁

約10分（冷やす時間は除く）

宮崎のご当地汁は暑くて食欲がないときにもおすすめ

〈材料〉大人❷～❸+赤ちゃん❶

麦みそ ………………………… 大さじ3
木綿豆腐（軽く水気をきる）
………………………… 1丁（350g）
きゅうり（薄い輪切り）… 1本～1本半
大葉（せん切り） ………… 8～10枚
ツナ（水煮缶）（水気をきる）…… 80g
白すりごま ………………… 大さじ4
温かいごはん ……………… 適宜
A いりこの粉末 ………… 大さじ2
A だし（濃いめ） ………… 400cc

〈つくり方〉

1 鍋にAと豆腐を手で粗く崩しながら入れてひと煮立ちさせる。
おあじみ期 豆腐をつぶしてだし汁と。

2 火を止めて、みそを溶き入れる。

3 粗熱が取れたらきゅうり、大葉、ツナを加える。
カミカミ期 具材を食べやすくして、だし汁でのばす。
完了期 冷やす前のものをごはんにかけて。味つけはだし汁で調整して。

4 白すりごまを加えて冷蔵庫で冷やす。
大人 温かいごはんにかけて。

Point!
定番の焼き魚の代わりにツナを使ったお手軽冷や汁。

なっとう汁　納豆好きに試してほしい一品

約5分

〈材料〉 大人❸〜❹＋赤ちゃん❶

- ひきわり納豆 ……………… 2パック
- 万能ねぎ ……………………… 適宜
- だし ………………………… 600cc
- みそ ……………………… 大さじ3弱

〈つくり方〉

1 鍋にだしを煮立てて、納豆を加える。

2 みそを溶き入れ、煮立つ前に火を止める。万能ねぎを散らす。

カミカミ期後半＋完了期　みそをほんの少し入れたところで取り分けて。味つけは控えめに。

大人　温かいうちにいただく。

Point！
納豆のにおいが気になる場合は、水洗いしてから鍋に。

おから汁　何ともいえないおからの食感で箸も進む

約10分

〈材料〉 大人❸〜❹＋赤ちゃん❶

- おから …………………… 80〜100g
- 小松菜（2cm長に切る） ……… 2株
- 油揚げ（熱湯をかけて油抜き後、5mm幅に切る） ……………………… 1/3枚
- だし ………………………… 800cc
- みそ ……………………… 大さじ3強

〈つくり方〉

1 鍋にだしを入れて煮立たせ、小松菜、油揚げとおからを入れ、中火で3分ほど煮る。

おあじみ期　油揚げとおからを入れる前に取り分け、小松菜をだし汁ですりつぶす。

2 火を止めてみそを溶き入れ、中火で温め、煮立つ前に火を止める。

カミカミ期＋完了期　食べやすい大きさにして、薄味で。

大人　温かいうちにいただく。

Point！
おからは主張しすぎないので、きのこ・いも類、根菜などいろいろな野菜とも合う。あり合わせの野菜で試してみて。

春雨スープ

●●● 約15分

ちょっぴりリッチに貝柱を使って

〈材料〉 大人❷〜❸+赤ちゃん❶

干し貝柱	5〜6個
水	100cc
緑豆春雨（キッチンばさみで食べやすく切る）	50g
椎茸（薄切り）	3枚
人参（細切り）	中1/3本
青梗菜（葉と茎に分けて、茎は1cm幅、葉は2cm幅に切る）	1株
酒	大さじ1
鶏ガラスープ※	700cc
水溶き片栗粉（粉:小さじ2　水:大さじ1）	
塩、こしょう	少々
ごま油	適宜
白ごま	適宜

※顆粒の鶏ガラスープの素を使用しても。

〈つくり方〉

1 干し貝柱と分量の水、酒を耐熱ボウルに入れてラップをかけて、電子レンジで2〜3分間かけて戻す。

2 鍋に鶏ガラスープと1の貝柱を戻し、汁ごと入れて中火にかけ煮立てる。

3 青梗菜の葉以外の野菜と春雨を加えて5分ほど煮た後、葉を加えてひと煮立ちさせ、水溶き片栗粉を加える。塩、こしょうで味を調える。ごま油を回しかける。

カミカミ期 3の野菜と春雨をだしで柔らかくなるまで煮て小さく刻む。

完了期 食べやすく切る。

大人 お好みで酢や白ごまも。

Point!

貝柱をほたて缶でも代用できる。
干し椎茸（スライス）でだしを加えてもおいしい。

ミネストローネ ●●●● 約25分

子どもも大好きなトマト味で野菜をたっぷり

〈材料〉大人❹〜❺＋赤ちゃん❶

マカロニ	40g
人参（7〜8cmの角切り）	中½本
玉ねぎ（7〜8cmの角切り）	中½個
セロリ（7〜8cmの角切り）	½本
ズッキーニ（7〜8cmの角切り）	½本
ソーセージ（1cm幅に切る）	4本
カットトマト缶	1缶（400g）
水	400cc
コンソメ（顆粒）	1個
塩、こしょう	少々
オリーブ油	適宜

〈つくり方〉

1 マカロニは少し固めにゆでておく。

2 鍋に分量の水とコンソメを煮立てて、トマト缶、野菜、ソーセージを入れて中火で10分ほど煮る。

2でスープだけを取り分けておいて、離乳食をのばすのに使うと便利。

3 2に1のマカロニを加えて中火で5分ほど煮こむ。

おあじみ期 トマトスープと野菜のすりつぶしをおかゆにかけて。

4 塩を加えて味を調える。

カミカミ期 野菜とマカロニを2のスープでのばしてすりつぶす。

完了期 具材を食べやすく切る。味つけは2のスープでのばす。

大人 こしょうで味を調えて、オリーブ油を回しかける。

Point!

ソーセージを調理したスープの取り分けが気になる場合は、離乳食取り分け後に、ソーセージを入れても。ベーコンでもOK。にんにくを炒めて入れてもおいしい。

クラムチャウダー ●●●

約25分

あさりの旨味と野菜のハーモニー

〈材料〉大人❷＋赤ちゃん❶

あさり（砂出ししたもの）
…200～250 g（またはむき身40g）
水 …… 50cc
じゃがいも（1cm角に切る）…… 1個
人参（1cm角に切る）…… 中1本
玉ねぎ（粗みじん切り）…… 中½個
バター …… 10g
小麦粉 …… 大さじ1
牛乳[※1] …… 600cc
塩、こしょう …… 少々
パセリ[※2] …… 適宜

※1 生クリームを加えるとさらにコクが（生クリームを入れる量によって牛乳の量を調整して）。 ※2 パセリは冷凍庫で凍らせておいて、使う分だけちぎって使うと便利。

〈つくり方〉

1. あさりは鍋に分量の水を加えて火にかけ、口を開かせ、身を取り出す（煮汁は捨てない）。
2. 鍋にバターを熱して、じゃがいも、人参、玉ねぎを炒める。
3. 玉ねぎが透き通ってきたら、小麦粉を加え、粉っぽさがなくなるまで炒める。
4. 3に、あさり（煮汁ごと）と牛乳を加えて中火で15分ほど煮る。
   - **カミカミ期** 具材を粗くつぶし、スープを加えて味をのばす。
5. 塩、こしょうで味を調える。
   - **完了期** こしょうを加える前に取り分けて、スープで薄味に調える。
   - **大人** パセリを散らす。

Point！

あさりはむき身でもOKだけど、殻付きのものを使うとより味に深みが出る。
大人はオリーブ油を最後に回しかけると風味がUP！
パスタと合わせてスープパスタにしても。

大人

ポタージュスープ

旬の野菜を丸ごといただく

かぼちゃの和風ポタージュ ●●●● 約20分

〈材料〉大人❷＋赤ちゃん❶

- かぼちゃ※（種を取り、薄切り）……1/8個（150g）
- 玉ねぎ（薄切り）……中1/4個
- だし……400cc
- 豆乳（無調整）……200cc
- 塩、こしょう……少々

※人参やかぶでも。

〈つくり方〉

1 鍋にだしとかぼちゃを入れて中火にかけ、煮立ったら玉ねぎを加える。

2 弱火で10分ほど柔らかく煮る。（ミキサーがない場合は、つぶした後、裏ごしをして。）

3 2の粗熱が取れたら、ミキサーに入れ、豆乳を加えて混ぜ合わせる。（大豆製品がまだの場合は豆乳を加える前に。）

4 鍋に戻し入れてひと煮立ちさせる。塩で味を調える。

- **おあじみ期** 味つけ前に取り分けて。
- **カミカミ期＋完了期** 取り分けてごく薄味に。
- **大人** こしょうで味を調える。

じゃがいものポタージュ ●●●● 約20分

〈材料〉大人❷＋赤ちゃん❶

- じゃがいも※（薄切りにして水にさらす）……中1個（150g）
- 玉ねぎ（薄切り）……中1/4個
- 水……400cc
- コンソメ……1個
- 牛乳……300cc
- 塩、こしょう……少々

※さつまいもや里いもでも。

〈つくり方〉

1 鍋に水とコンソメ、じゃがいもを入れて中火にかけ、煮立ったら玉ねぎを加えて弱火で10分ほど柔らかく煮る。（コンソメ味は水の量で調節して薄味に。）

2 1の粗熱が取れたら、ミキサーに入れ、牛乳を加えてなめらかにする。

- **おあじみ期＋カミカミ期** 牛乳を入れる前に取り分けて。

3 鍋に戻し入れてひと煮立ちさせる。塩で味を調える。

- **完了期** 塩を少し加えたところで取り分けてごく薄味に。
- **大人** こしょうで味を調える。

ほうれん草の和風ポタージュ ●●●● 約20分

〈材料〉大人❷＋赤ちゃん❶

- ほうれん草※（下ゆで後に水にさらしてアクを取る）……1束
- だし……300cc
- 豆乳（無調整）……200cc
- 薄口しょうゆ……大さじ1
- みりん……大さじ1
- 塩……少々

※小松菜でも。じゃがいも、玉ねぎを加えると、とろみや甘みが増す。

〈つくり方〉

1 ほうれん草の水気をしっかりきったら、ザク切りにし、ミキサーに入れてだしと豆乳を加えてなめらかにする。（大豆製品がまだの場合は豆乳を加える前に。）

2 鍋に戻し、薄口しょうゆ、みりんを加えてひと煮立ちさせる。塩で味を調える。

- **おあじみ期** 味つけ前に取り分けて。
- **カミカミ期＋完了期** 取り分けてごく薄味に。
- **大人** 温かいうちにいただく。

Point!

ポタージュに溶き卵を1個混ぜてこし、ラップをしてレンジで1分半で茶碗蒸しにアレンジできる。

汁物の取り分け方法

鍋だけで終わらせてはもったいない!!　鍋のスープを取っておいてあらゆる料理に活用しよう！

鍋の場合：
野菜のだし汁を多めに取っておく

取り分け

その場でごはんを入れておじやに！

おじや

＜材　料＞　大人❹＋赤ちゃん❶

スープ
ごはん　200g
溶き卵　1個分
塩　少々
万能ねぎ（小口切り）

＜作り方＞

❶ 鍋の残りのスープに水で洗ったごはんを入れて中火にかける。
❷ ときどき水分をとばすように混ぜる。
● **カミカミ期：**粗くつぶした具をだし汁と。
❸ 水分がなくなってきたら、溶き卵を加えて軽く混ぜ合わせてフタをして火を止め、2分ほどおく。
● **完了期：**塩を少し加える。
● **大人：**塩を加え、万能ねぎを散らす。

取り分け

冷蔵庫に保存して、翌日新しいメニューに変身！

うどん：うどんを作るときのだし汁に。
カレー：カレールーと麺つゆを加えてカレーうどんのスープに。
雑　煮：麺つゆを足して、おもちで雑煮に。
雑　炊：だし汁にごはんを加えて翌朝の赤ちゃんの雑炊に。

鍋をした後のだし汁は、野菜や肉、魚の旨味が詰まっています。ごはんを加えてすぐにおじやにするのはもちろん、冷蔵庫に保存したら、翌日のメニューに活用できます。まだ味を加えていない野菜や肉、魚だけのだし汁は、あらゆる料理に変身可能です！

第4章

野菜好きな子に育てる 野菜メニュー

野菜

ビタミンやミネラルが豊富な野菜。
おいしい野菜をモリモリ食べて
大人も赤ちゃんも
元気いっぱい。

おかゆに慣れてきたら、野菜に進もう

野菜のスタートは、さつまいもやじゃがいも、かぼちゃなど、甘みがあり柔らかくて比較的消化のいい野菜から始めてみましょう。基本は1種類を1さじから。旬のものを、赤ちゃんの食べる様子や便の状態を見ながらゆっくり進めます。

　おすすめは各期を通じて、なんといっても汁物の野菜。だしの旨味と野菜の甘みでとてもおいしい上に、すり鉢にだしと野菜を入れてすりこ木でグリグリすりつぶせば、手軽に野菜を好みの柔らかさに調整できます。

　カミカミ期までは、野菜は加熱して与えます。完了期に入って、噛み切ったりモグモグ噛めるようになったら生野菜も取り入れていきます。

　味つけは1歳までは基本的にうんと薄味です。野菜とだしの旨味でも充分おいしいのですが、おあじみ期後半からはほんの少し塩やみそ、しょうゆなどを足して味を調えてみましょう。薄く味つけをすることで、塩味が野菜の甘みを引き出すので、野菜嫌いの赤ちゃんにも食べやすくなるかもしれません。

　また、葉物野菜など、繊維が多いものもあるので、赤ちゃんが食べやすいように、繊維を断ち切るように刻むと食べやすく、消化もしやすくなります（詳しくは20ページ参照）。

【野菜の進め方】

●**おかゆ期：**主に汁物（みそ汁など）の味つけ前のだし汁を与える。

●**おあじみ期：**最初は、甘みがあって柔らかい野菜を。煮崩れ寸前くらいのクタクタな状態にゆでるか、こんぶだしなどを多めに加えてすり鉢でよくすりつぶして、液体に近いドロドロの状態にして。徐々に、舌と上あごで楽につぶせる固さにする。豆腐をつぶしたふわふわした状態が目安。

●**カミカミ期：**モグモグ噛むようになったら、赤ちゃんの親指の頭くらいの大きさの柔らかい野菜を与える。味つけは控えめに。

●**完了期：**奥歯が生えないうちは、柔らかく火を通したかぶ程度の固さが目安。奥歯が生えそろってきたら赤ちゃんのひと口大であれば何でも食べられるように。味つけも薄味を心がけるけど、大人の味つけに近づく。

Point！

- □野菜は1種類を1さじから
- □柔らかく、甘みのある野菜から
- □汁物で取るのがおすすめ
- □ほんのり味つけしても
- □繊維を断ち切る切り方を
- □旬の野菜を与えよう

蒸し野菜

約20分

野菜の旨味が引き出される蒸し野菜。離乳食にもぴったり!

〈材料〉 大人❷＋赤ちゃん❶

お好みの旬の野菜※1(何でも)
かぼちゃ(1cm幅に切る) ……… 1/8個
かぶ(6等分のくし形に切る)… 中1個
れんこん(皮付きのまま1cm幅の輪切りにして、酢水にさらす) ………… 60g
小松菜(4等分に切る) ……… 3株
アスパラガス(根元を切り落とし、3等分に切る) …………………… 2本
プチトマト(へたを取る) ……… 4個
塩※2 …………………………… 少々
エクストラバージンオリーブ油※2

※1 旬の野菜を使うと、味も濃く栄養満点。
※2 塩、オリーブ油はいいものを使うとさらにおいしくなります。お好みでマヨネーズでも。

〈つくりかた〉

1 厚手の鍋(または土鍋)に水を入れて、湯を沸かし、蒸し器をセットする。

固い場合は少し長めに蒸すか、レンジで柔らかくする。

2 蒸し器に、かぼちゃ、かぶ、水気をきったれんこんを入れてフタをして1の蒸気の上がった鍋にセット。フタをして5〜6分蒸してから小松菜、アスパラガス、プチトマトを加えてフタをしてさらに3〜4分蒸す。

アスパラガスは赤ちゃん用には下半分皮をむいて。

おあじみ期 赤ちゃんが食べられそうな野菜(写真:かぼちゃ)を1種類取り出して、一度加熱しただしを加えて柔らかくしてからすりつぶす。

カミカミ期 赤ちゃんが食べられそうな野菜(写真:かぼちゃとかぶ)を取り出して、だしを加えて粗くつぶす。

完了期 赤ちゃんが食べられそうな野菜を食べやすい大きさに切る。

大人 塩とオリーブ油でいただく。

Point!

野菜の種類によって蒸す時間が異なるので、竹串をさしてお好みの固さに調節する。蒸し器がない場合は、厚手の鍋にお好みの野菜、少量の水と塩を加えて密封できるフタをして蒸し焼きに。肉も蒸してパンと一緒にどうぞ。

ポトフ

約50分

ホクホク野菜で温まる。アレンジしやすい万能メニュー

〈材料〉 作りやすい分量（鍋22cm）

じゃがいも（4等分に切って水にさらす）	中2個
人参（大きめの乱切り）	1本
玉ねぎ（6等分のくし形）	中1個
キャベツ（3等分に切る）	¼玉
ソーセージ	1袋（5〜6本）
ローリエ（あれば）	1枚
水	1000cc
コンソメ（固形）	1½個
塩	少々
こしょう	少々

〈つくり方〉

1 厚手の鍋に分量の水とコンソメ、水気をきったじゃがいも、人参、玉ねぎを入れて火にかける。

おあじみ期 野菜1〜2種類（写真:じゃがいも）とスープを取り出して、柔らかくしてからすりつぶす。

2 煮立ったらキャベツ、ローリエを加えてフタを少しずらして弱火でアクを取りながら40〜45分ほど煮る。ソーセージは途中、表示のゆで時間を参考に、鍋に入れる。

3 塩で味を調え、器に盛る。

カミカミ期前半 野菜（写真:人参とじゃがいも）とスープを取り出して、お湯で味を薄めて粗くつぶす。

カミカミ期後半＋完了期 食べやすい大きさに切り、薄味に調える。

大人 こしょうを振る。お好みでマスタードを添えて。

\できあがり/

Point!

じゃがいもは水面から出ないように水の中に入れ、鍋をいじらないのがコツ。ポトフは多めに作ると旨味がたくさん出ておいしく作れる。あり合わせの野菜やベーコン、鶏肉でも。冷凍パセリなどを盛りつけのときに散らすと華やかになる。

アレンジ 残ったポトフで簡単メニュー

トマト（トマト缶）を加えてトマトスープに。

牛乳やホワイトソースの素を加えてクリームスープに。

※具材は小さく切って。
水分が足りないときは水を足す。

大人

きのこあんの和風ソースと豆腐のステーキ

あると便利なソース。
いろいろな食材にかけて簡単メインディッシュのできあがり!

きのこあんの和風ソース ●●● 約5分

〈つくりかた〉

1 干し椎茸を小さめのボウルに入れて、分量の水でやわらかく戻す（戻し汁は捨てない）。

2 Aは合わせる。水溶き片栗粉を作っておく。

3 フライパンにごま油を熱して長ねぎを炒める。長ねぎがしんなりしてきたら、えのき茸を加えてさらに炒め、Aと1の干し椎茸を戻し汁ごと加えて、えのき茸がしんなりとするまで煮詰める。

4 火を止めて2の水溶き片栗粉を回し入れてとろみをつけ、再び火を入れて煮立つ前に火を止める。

Point!

干し椎茸を必ず入れるとおいしい。スライスしたものを使うと、戻す時間も早く手間が省ける。ソースの日持ちは冷蔵庫で2日ほど。

〈材料〉作りやすい分量

干し椎茸（スライスしたもの）※1		8g
水		200cc
長ねぎ（斜め薄切り）		½本
えのき茸※2（石づきを取り半分に切りほぐす）		1P（100g）
ごま油		小さじ1
A	だし汁	大さじ3
	しょうゆ	大さじ1½
	みりん	大さじ1
	砂糖	小さじ2
水溶き片栗粉（粉:小さじ1　水:大さじ1）		

※1 干し椎茸中サイズ3枚でも可（水で戻してから軽く絞ってスライス）。 ※2 しめじ、エリンギ、舞茸などお好みのきのこでも。

豆腐のステーキ ●●● 約15分

〈材料〉大人❷＋赤ちゃん❶

木綿豆腐（横半分切り）	1丁
塩	少々
小麦粉	適宜
青のり	適宜
サラダ油	大さじ1

\できあがり/

〈つくりかた〉

1 豆腐はペーパータオルに包んでお皿にのせ、電子レンジで1～2分温め、冷ます。

2 1の豆腐全体に塩を振り、小麦粉を付けて余分な粉は落とす。

3 フライパンにサラダ油を熱して2の両面を色よく焼く。器に盛り、きのこあんをかけ、青のりを振る。

カミカミ期 きのこあんを温めただしでのばし、小さく刻む。豆腐も小さく切る。

完了期 きのこあんをだしでのばし、食べやすい大きさに切る。豆腐もひと口大に切る。

大人 きのこあんをたっぷりかけて。

アレンジ 残ったきのこあんで簡単メニュー

焼き魚のソースとして（たら、鮭、かじきまぐろなど）。

だし汁で柔らかく煮た大根やかぶにかけて。

蒸しなすとかぼちゃのみそそぼろあん ●●●●

そぼろあんとなす、かぼちゃの相性が抜群！

約20分

\ できあがり /

＜材料＞ 大人❸〜❹＋赤ちゃん❶

（肉みそ）

	豚ひき肉	120g
	サラダ油	小さじ1
A	みそ	大さじ2
A	みりん	大さじ2
A	砂糖	大さじ1
A	しょうがのしぼり汁	小さじ1/2
A	だし	200cc

水溶き片栗粉（粉：小さじ2　水：大さじ2）

（蒸し野菜）

かぼちゃ（2cm幅に切る）	1/8個
なす（へたを取りひと口大に切ってから水にさらす）	2本
万能ねぎ	適宜

＜つくりかた＞

1 鍋に水を入れて湯を沸かす。

2 Aはよく混ぜ合わせておく。

3 蒸し器に、かぼちゃ、水気をきったなすを入れてフタをして1の蒸気の上がった鍋にセットする。フタをして中火で10分ほど蒸す。

- **おあじみ期** かぼちゃは皮を除いて、温めただしでのばしながらすりつぶす。
- **カミカミ期** かぼちゃとなすは皮を除いて小さく切る。だしを加えて煮ても。

4 フライパンに油を熱して、ひき肉をよく炒める。余分な油はペーパーで拭き取る。Aを加えてひと煮立ちさせる。

5 火を止めて水溶き片栗粉をまわし入れてとろみをつけ、再び火を入れ煮立つ前に火を止める。

6 3の野菜を器に盛り、5をかける。

- **完了期** 3を食べやすい大きさに切り、5のあんをだしでのばしたものをかける。
- **大人** 万能ねぎを散らしても。

Point！

鶏ひき肉を使うともっと早い時期から子どもも食べられる。
余ったそぼろあんは、豆腐にのせたり、レタスで包んで食べたりしても。

アレンジ　多めに蒸して残った野菜で簡単メニュー

蒸しなすは、チャーシュー、白髪ねぎ、ごま油、しょうゆを和えて、副菜に。

蒸しかぼちゃは、マヨネーズと和えて、かぼちゃのサラダに。

大人
完了期

野菜の白和え

白和えの素を作っておけば、あとは野菜と和えるだけ！

白和えの素

約10分

〈材料〉 作りやすい分量

豆腐（木綿または絹）… 1丁（300g）

A
- 白練りごま …………… 大さじ2
- 砂糖 ……………… 小さじ1½
- みそ …………………… 大さじ2
- だし …………………… 大さじ1

〈つくりかた〉

1. 豆腐はペーパータオルで包んで耐熱皿にのせ、電子レンジで1～2分温めてから冷まし、水分をしっかり取る。Aはよく混ぜ合わせておく。
2. ボウルに1の豆腐をちぎりながら入れ、Aを加えて木べらで豆腐をつぶしながらよく混ぜ合わせる。

ブロッコリーの白和え

約10分

〈材料〉 大人❷＋赤ちゃん❶

ブロッコリー（小房に分ける）… ½株
人参（細切り）………………… ¼本
塩 ……………………… ひとつまみ

〈つくりかた〉

1. 鍋に水を入れて沸かし、沸騰したら塩を加え、ブロッコリー、人参を色よくゆでる。大きいブロッコリーは食べやすい大きさに切る。

おあじみ期 ゆでたブロッコリーと人参にだしを加えて火にかけ柔らかくしてからつぶす。

カミカミ期 ゆでたブロッコリーと人参にだしを加えて火にかけ柔らかくしてから細かく刻み、白和えの素を少し和える。おかゆの上にかけても。

完了期 長めにゆでたブロッコリーと人参を細かくほぐし、白和えの素を少し和える。

大人 粗熱を取ってから、白和えの素と和える。

Point!

白和えの素は、春菊やきのこなどのお好みの野菜やゆでたささみで和えてもGOOD。
日持ちは冷蔵庫で2～3日。酢とごま油を入れるとドレッシングに早変わり。

オクラのネバネバ丼

約10分

下ごしらえしてのせるだけのシンプル丼ぶり！

＜材料＞ 大人❷＋赤ちゃん❶

オクラ（塩もみしてからゆで、小口切りにする） ………………………… 6本
長いも（すりおろす）※ ………… 50g
ひきわり納豆 ……………………1P
まぐろ赤身（刺身用）（包丁で粗く切る） …………………………… 120g
温かいごはん …………400〜500g
卵黄 …………………… お好みで
しょうゆや白だし ……………… 適宜
わさび ………………………… 少々

※長いもをすりおろすのが面倒な場合は、皮をむいてからビニール袋に入れ、麺棒で細かくたたいても。白だしを少量和えておくと、おいしい上に色も保てる。

＜つくり方＞

1 どんぶりにごはんを盛り、オクラ、長いも、納豆、まぐろをのせて卵黄をのせる。

おあじみ期 オクラを刻んでだしでのばし、おかゆにのせる。

カミカミ期 オクラを刻んでだしでのばし、納豆と混ぜ、おかゆにのせる。

完了期 ごはんにオクラ、納豆を混ぜこむ。

大人 しょうゆや白だし、わさびでいただく。

Point！

長いもと納豆はおいしいので必ず入れて。刺身はお好みで。
あらかじめ、それぞれを白だしで漬けても味がしみておいしい。
余ったまぐろは漬けにしたり、ごま油やのりで和えて韓国風に。

大人

カミカミ期

完了期

人参バターライスとハッシュドポーク ●●●●

約35分（米の下準備・浸水時間は除く）

人参ライスとデミグラスソースのハーモニー♪

〈材料〉大人❷～❸＋赤ちゃん❶

人参ライス	米	2カップ
	水	320cc
	人参（皮をむいてすりおろす）	中½本（100g）
	バター	15g
玉ねぎ（薄切り）		中½
豚こま切れ肉（ほぐして塩、こしょうを少少する）		200g
舞茸（石づきを取り、小房に分ける）		1パック（100g）
A	水	400cc
	コンソメ	1個
	酒	大さじ1
	デミグラスソース缶	1缶（290g）
	トマトペーストかトマトケチャップ	大さじ2
塩、こしょう		少々
パセリ		適宜
生クリーム		少々

〈つくり方〉

1 米はといでざるに上げ、人参は皮をむいてすりおろす。

2 炊飯器に1の米、人参、分量の水を加えて30分浸水。その後ひと混ぜして炊く。

3 フライパンにバターを熱して、玉ねぎが透き通るまで炒める。豚肉、舞茸を加えて豚肉の色が変わったら、Aを加えて、弱火で20～25分ほど煮こみ、塩、こしょうで味を調える。

4 炊き上がった人参ライスにバターを混ぜこみ、器に盛り、3をかける。

おあじみ期 4のバターを入れる前の人参ライスにだしを加えて軟らかく煮る（人参がゆ風）。

カミカミ期 終わり頃 3のこしょうをふる前の具材を小さく切りだしでのばす。4の人参ライスもだしでのばしてつぶす。

完了期 3の具材を食べやすく切り、だしでのばす。4をだしでのばして軟らかくする。

大人 お好みでパセリや生クリームをかける。

Point!

デミグラスソースは、市販のルーで代用しても。大人は生クリームを加えるとぐっとまろやかに。多めにすりおろして残った人参はスープやドレッシングにも使える。

じゃがいもソースのニョッキ ●●●● 約25分

じゃがいもの和風ソースがニョッキと相性抜群

〈材料〉 大人❷＋赤ちゃん❶

ニョッキ（市販のもの）……… 200g
じゃがいも（1cm角に切る）
…………………… 中2個（150g）
だし（こんぶ） ……………… 200cc
豆乳（無調整）……………… 100cc
生クリーム ………………… 200cc
粉チーズ …………………… 大さじ2
塩 ………………………… 少々
粗びきこしょう …………………… 少々
オリーブ油 ………………………… 適量

〈つくり方〉

1 鍋に分量のだし、じゃがいもを入れて柔らかくなるまで煮る。
おあじみ期 じゃがいもをだしでのばしながらすりつぶす。

2 別の鍋に湯を沸かし、ニョッキをゆでる。

3 1のじゃがいもを煮汁ごとフォークの背などで粗くつぶしてから豆乳を加え、弱火で5分ほど煮る。

4 3に2のニョッキ、生クリーム、粉チーズを加えて塩で味を調え、混ぜながらひと煮立ちさせる。
カミカミ期 前半 3に2を加えたところで取り分けて、ニョッキを粗くつぶす。

5 器に盛る。
カミカミ期 後半＋完了期 4の生クリーム、チーズ、塩で味を調えたものを食べやすく切り、だしでクリームソースを薄める。
大人 こしょうを振り、オリーブ油をかける。

Point!

さつまいもで作ってもおいしい！ソースはニョッキ以外に、ショートパスタやフィットチーネにかけても。

アレンジ ビシソワーズ風

みじん切りにした玉ねぎを炒めて、ニョッキ以外の4を加えて牛乳や豆乳でさらにのばしてじゃがいものスープに。冷たくしてもおいしくいただけます。

ラクラク料理①

親子丼

約10分

鶏ひき肉で作るスピード親子丼!

〈材料〉 大人❷＋赤ちゃん❶

鶏ひき肉 ……………………… 160g
玉ねぎ(薄切り) ……………… ¼個
ほうれん草(下ゆでしてから根元を切り落とし、3cm幅に切る) ……… 2株
A 麺つゆの素(ストレート) ……………… 150～170cc
A みりん ………………… 大さじ1
A 砂糖 ………………… 小さじ1
卵(溶きほぐす) ……………… 2個
温かいごはん …………400～500g
刻みのり ……………………… 適宜

〈つくりち〉

1 小さめのフライパンにAとひき肉と玉ねぎを入れ、ひき肉が白っぽくなるまで中火で煮る(アクを取る)。

2 しっかり水気をきったほうれん草を加えてひと混ぜし、ほうれん草がしんなりしてきたら、溶き卵を回し入れてフタをし、3分ほど弱火で煮る。

カミカミ期　卵を入れる前に、取り分けてだしを加えてさらに煮る。肉とほうれん草は細かく刻む。火を止めて水で溶いた片栗粉でとろみをつける。おかゆの上にのせる。

完了期　2をだしで薄める。肉とほうれん草は細かく切る。軟飯の上にのせる。

3 どんぶりに温かいごはんをよそい、2をかける。刻みのりを散らす。

大人　お好みで七味などを振りかけて。

Point!

ひき肉と玉ねぎを煮るときは、混ぜすぎに注意。
ほうれん草は1束にまとめて下ゆでして、おひたしやスープの具、ソテーに。

ラクラク料理②

レンジでケチャップライス ●●● 約10分

レンジで作れるお手軽ケチャップライス

〈材料〉大人❷＋赤ちゃん❶

ツナ缶（水煮）		2缶（160g）
コーン缶		80g
アスパラガス（斜め1cmに切る）		4本
玉ねぎ（粗みじん切り）		1/4個
A	ケチャップ	大さじ5〜6
	コンソメ（顆粒）	大さじ1
温かいごはん		400g
バター		20g
塩、こしょう		少々

〈つくりかた〉

1 ツナ缶、コーン缶の水気をよくきる。

コーンは消化しにくいので注意。

2 耐熱容器に野菜、1とよく混ぜ合わせたAを入れてひと混ぜして、ラップをかけて電子レンジに3分〜3分半かける。

カミカミ期 レンジの後、コーンは除き、アスパラガスはみじん切りにする。だしを加えてごはんと混ぜてつぶす。

完了期 レンジの後、アスパラガス、コーンは細かく刻む。だしを加えごはんと混ぜ、軽くつぶして柔らかくする。

3 2に温かいごはん、バターを加えてよく混ぜこむ。

大人 塩、こしょうで味を調える。

Point！

玉ねぎがなかったらセロリでも合う。赤ちゃんに取り分ける際には、レンジの前のケチャップは少量にして、大人は盛りつけてからお好みの量をかけても。

カット野菜で簡単！野菜炒め

約5分

疲れたときや忙しいときは、カット野菜を使ってアレンジメニュー

〈材料〉大人2

カット野菜（洗って水気をきる）…… 2袋（400g）
ベーコン（3cm幅に切る）… 4～5枚
A 鶏ガラスープの素（粉末）小さじ2
A 酒 …… 小さじ2
塩、こしょう …… 少々
サラダ油 …… 大さじ1

〈つくりかた〉

1 フライパンに油を熱し、ベーコンを炒める。

2 ベーコンに火が通ってきたら、カット野菜を加えて手早く炒め、よく混ぜ合わせたAを加えて全体を炒め合わせる。塩、こしょうで味を調える。

カミカミ期＋完了期 野菜炒めを包丁で刻む。だしを加えて味を薄める。小鍋で煮るか、電子レンジで適当に柔らかくなるまで加熱する。

Point！

ベーコンがなかったらソーセージ・ハムやツナ缶でも。きのこを入れたらボリュームアップ！

ベーコンを3cm幅に切る。

カット野菜を加える。

調味料を加える。

\ できあがり /

カット野菜のアレンジメニュー

他にもできる！

- ●麺と桜えびを加えて➡オイスター焼きそばに!!
- ●豚肉と鶏ガラスープを加えて➡レンジ蒸しに!!
- ●バラ肉とシーフードと合わせて➡あんかけに!!

ラクラク料理 お惣菜編 ②

豆腐とひじきのごちそうサラダ

●●● 約 5 分

ひじきのお惣菜もひと工夫すれば豪華に変身!

〈材料〉大人❷

ひじきのお惣菜 ………………… 60g
絹豆腐(四角に切る) ………… ½丁
レタス ……………………………… 4枚
お好みのドレッシング

〈つくりかた〉

1 器にちぎったレタスを盛り、水きりした豆腐、ひじきのお惣菜をのせ、お好みのドレッシングでいただく。

カミカミ期＋完了期 豆腐に少ししょうゆをさしてスプーンでつぶす。ひじきを小さいすり鉢に入れて、だしを足してすりつぶす。おかゆや軟飯にかけても。

Point!
ノンオイルの和風ドレッシングが合う。
豆腐は木綿でも。

ちぎったレタスに豆腐をのせる。

ひじきをのせる。

ドレッシングをかける。

他にもできる!

ひじきのお惣菜のアレンジメニュー

●ごはんや酢飯に混ぜこんで➡ひじきごはん!!

こんなときどうする？

離乳食 Q&A

Q 野菜嫌いの赤ちゃん。どのようにして克服したらいいですか？

A だしやほんのり味つけを加えて工夫して

もろに野菜単独の味では赤ちゃんもおいしいと感じないかもしれませんね。野菜をゆでるときに少し塩を加えたり、だし汁やスープで旨味をプラスすれば大人も赤ちゃんもおいしく食べられます。また、濃い味が絶対ダメということではありません。苦手な野菜もマヨネーズやケチャップで克服できるかもしれません。ただ、当然のことですが、濃厚な調味料に頼りすぎて、マヨネーズやケチャップがなければ食べない、ということにならないよう注意が必要です。

Q あげたものがそのままの形でウンチに出てきます。

A 消化しきれていない場合は、与え方を見直して

歯があまり生えそろっておらず、咀しゃく力も消化力も未熟な赤ちゃんのウンチに、ほうれん草やきのこ類などが限りなく食べたままの原形で出てくることもあるでしょう。消化しきれてないということは、その食材や調理法が赤ちゃんに早すぎるということです。

せっかく食べても、身にならないのでは、もったいないですね。食材を小さくしたり、柔らかくしてみましょう。また、よく噛まずに丸呑みしている子もいます。大人が一緒によく噛んで食べて見せてください。

Q 離乳食の固さについて悩みます。

A 赤ちゃんの食べ方とウンチの様子を見ながら加減しよう

離乳食の固さは、赤ちゃんの食べ方とウンチの様子を見ながら加減します。よく火を通すことで柔らかくなるものもあります。切り方の工夫で柔らかく、食べやすくすることができます。大根やかぶなど繊維が多い野菜は、繊維を断ち切る切り方をすると、赤ちゃんも容易に食べられます。例えば、大根のせん切りは始めに輪切りにしてから細く切る、アスパラガスの固い部分は皮をピーラーでむいて斜めに切れば食べやすくなります（P20参照）。

第5章

パワーを生み出す
エネルギー源

炭水化物

おいしいお米をたっぷり味わったら、
赤ちゃんが大好きな
パン、うどん、
パスタも楽しんで。

離乳食のスタートの炭水化物。赤ちゃんのエネルギー源となる大事な要素

離乳食のスタートは消化のいい炭水化物からが基本です。赤ちゃんは消化吸収力が未発達で、野菜やタンパク質などの消化がうまくできません。未発達な赤ちゃんの消化機能でも炭水化物は消化しやすく、ことにおかゆは乳汁の甘みに似ているので赤ちゃんが受け入れやすいのです。炭水化物は、体を動かし脳のエネルギー源となるので、赤ちゃんの成長はもとより、大人の食事にも欠かせません。主にごはんやパンや麺類に含まれています。

生涯赤ちゃんの主食となる炭水化物。そのおいしさをまずは白米から覚えてもらいたいですね。

【炭水化物の進め方】

●**おかゆ期**：離乳食のスタートはおもゆから。滋味あふれるやさしいおもゆの甘みに慣れてきたら、6～7ヶ月からおかゆに。

●**おあじみ期**：おかゆも進み、問題がなさそうなら、だしやスープにごはんを入れておじやを。それを適当にすり鉢などでグリグリつぶして食べさせても。

●**カミカミ期**：パン、パスタ、うどんなどもだしで柔らかく煮たりつぶして食べやすい状態にして与えてみよう。薄く味つけもしてみて。

●**完了期**：1歳を過ぎたら、そろそろ軟飯に。1歳2～3ヶ月くらいになったら、白飯を食べさせても大丈夫。小さいおにぎりも自分の手で持って食べるように。

【注意が必要な炭水化物】

●**そば**：消化が悪いのでそもそも離乳食には向かない。アレルギー体質の赤ちゃんには与えない方が無難。

Point!

- □ 離乳食のスタートは炭水化物のおもゆから
- □ おもゆ→おかゆ→おじや・雑炊→軟飯→白飯の順で
- □ パン、パスタ、うどんなどは8～9ヶ月ごろから
- □ アレルギー体質の赤ちゃんは、そばに注意。

大人

おあじみ期

カミカミ期

うどん（関西風）

基本のうどんの作り方をおさえておこう　約10分

〈材料〉 大人❷＋赤ちゃん❶

	うどん	2玉
	ほうれん草	4株
	わかめ（乾燥）（水で戻す）	5g
	貝割れ菜（根元を切り落とす）	20g
	かまぼこ（1cm幅に切る）	2枚
A	だし	600cc
A	薄口しょうゆ	大さじ2
A	みりん	大さじ2

〈つくり方〉

1 ほうれん草は下ゆでして3cm幅に切り、軽くしぼる。

おあじみ期　ほうれん草を温めただしですりつぶす。

2 鍋にAを入れて煮立てる。

うどんは長くゆでるかレンジ加熱で柔らかく。

3 別の鍋で湯を沸かし、1分ほどゆでたうどんを器に盛る。2のつゆをかけ、わかめと野菜を盛る。

カミカミ期　うどんと野菜を小さく刻む。つゆはだしでのばす。

完了期　うどんは食べやすい長さに切って、つゆはだしでのばす。

大人　お好みでかまぼこや七味を加える。

【うどんの応用編】 麺つゆを使って様々なメニューに活用しよう。

関東風のしっかり味

- 親子丼、カツ丼、肉豆腐
- 煮物のベース
- 小松菜や春菊の煮びたし

関西風のあっさり味

- おでん（大根、さつま揚げ、牛すじを入れて）
- 中華風スープ（ごま油、刻みねぎを入れて）

赤ちゃんには冷凍しておいたギョーザの皮を崩し入れても！

Point!

作ったものはさらに薄めて赤ちゃんに取り分けよう。

キャベツとしらすの和風リゾット

約15分

和風だしとチーズの相性が抜群！

〈材料〉大人❷＋赤ちゃん❶

- しらす干し …………………… 30g
- キャベツ（ひと口大に切る）… 3枚
- 玉ねぎ（粗みじん切り）……中¼個
- だし …………………… 300cc
- ごはん ……200g（茶碗1.5杯分）
- ピザ用チーズ ……………… 30g
- オリーブ油 …………… 大さじ1
- 塩 …………………………… 少々
- こしょう ……………………… 少々

〈つくり方〉

1 しらす干しは熱湯を回しかける。ごはんはざるに入れて水で洗っておく。

ごはんと一緒に煮詰めておじや風にしても。

2 深めのフライパンにオリーブ油を熱し、キャベツ、1のしらす干し、玉ねぎを入れて玉ねぎが透き通るまで炒める。

おあじみ期 炒める前のキャベツか玉ねぎにだしを加えて別鍋で煮詰めて柔らかくし、すりつぶす。

3 だし、1のごはんを加えて中火で水分をとばすように混ぜながら火にかける。

4 水分がなくなってきたら、弱火にし、塩で味を調える。ピザ用チーズを加えてひと混ぜし、皿に盛る。

カミカミ期前半 チーズを加える前の4をだしでのばし別鍋で煮る。野菜は細かく刻む。

カミカミ期後半＋完了期 だしで味を少しのばす。

大人 こしょうを振る。

Point！

だしはかつおこんぶがおすすめ。顆粒のインスタントだしでもOK。
チーズは溶けるスライスチーズを細かく散らしても！

＼できあがり／

さつまいもごはん

約50分（米の下準備・浸水時間は除く）

さつまいもの甘い香りに誘われて

〈材料〉 大人❸〜❹＋赤ちゃん❶

米	3合
水	540cc
さつまいも	中1本（約300g）
こんぶ（5cm角）	1枚
塩	小さじ1
いり黒ごま	少々

〈つくり方〉

1 米はよくとぎ、ざるに上げてしっかり水気をきってから分量の水にこんぶを入れ、30分以上浸水させる。さつまいもは皮をよく洗い、1cm角に切り、水に5分ほどさらしておく。

2 1の米に、塩を加えて軽く混ぜたら、1のさつまいもの水気をきってのせて炊飯器で炊く。

3 炊き上がったらやさしく混ぜ合わせ、茶碗に盛る。

- **おあじみ期** 炊き上がったさつまいもを温めたこんぶだしですりつぶす。
- **カミカミ期** だしを加えてすり鉢で粗くつぶす。
- **完了期** ごはんをつぶして軟らかくする。いり黒ごまを指先でつぶしながらかけて。
- **大人** いり黒ごまを散らす。

Point!

新ごぼう、グリンピースや空豆など、旬の野菜を炊きこんで素材の味を楽しんでみよう。

大人

おあじみ期

カミカミ期

魚介のあんかけ焼きそば

約20分（解凍する時間は含まず）

シーフードミックスで手軽なトロトロあんかけ焼きそば

〈材料〉大人❷＋赤ちゃん❶

	シーフードミックス（冷凍）	180〜200g
	中華麺	2玉
	干し椎茸（スライス）	4g
	水	100cc
	しょうが（皮をむいてせん切り）	⅓片
	白菜（食べやすい大きさに切る）	2枚
	人参（短冊切り）	¼本
A	水	200cc
A	鶏ガラスープの素（顆粒）	小さじ2
A	酒	大さじ1
B	オイスターソース	大さじ½
B	砂糖	小さじ1
	水溶き片栗粉（粉:小さじ1 水:大さじ1）	
	サラダ油	大さじ1
	塩、こしょう	少々
	ごま油	小さじ2

〈つくり方〉

1 シーフードミックスは冷蔵庫で自然解凍し、ざるに上げて余分な水気をきる。中華麺はほぐしてごま油（分量外）を少々まぶしておく。干し椎茸は分量の水で戻す（戻し汁は捨てない）。

2 フライパンを中火でよく熱し、1の麺を入れて、ほぐしながら全体に広げるように炒め、表面がパリッとしたら、取り出して器に盛る。

3 同じフライパンにサラダ油を強火で熱して、しょうがを入れ、香りが出たら白菜の白いところと人参を入れて炒める。

- **おあじみ期** 白菜の柔らかい葉の部分を刻んで、別鍋を使ってだしで煮る。
- **カミカミ期** 野菜を刻み、温めただしでのばす。おかゆにかけて。

4 全体に油が回ったら、シーフードミックス、A、干し椎茸を戻し汁ごと加えて煮立て、白菜の葉とBを入れて全体をからめ、塩、こしょうで味を調える。

5 水溶き片栗粉でとろみをつけ、2の上に盛る。

- **完了期** 具を粗く刻み、温めただしでのばす。2の麺を短く切る。
- **大人** 仕上げにごま油を回しかける。

Point！

オイスターソースが隠し味。
大人はごま油を回しかけると風味がアップ！

アレンジ 残ったあんで簡単メニュー

ごはんにかけて中華丼風に

大人
完了期

野菜のチヂミ

約20分

野菜もとれるヘルシーな一品！　もちもちした食感が後を引く

〈材料〉 2～3枚分

じゃがいも（細切り）		中2個
人参（細切り）		中½本
小松菜（2～3cm幅に切る）		2株
A	薄力粉	100g
A	片栗粉	50g
A	鶏ガラスープの素	小さじ1
A	水	200cc
ごま油		大さじ1～2
コチュジャン		適量

〈つくり方〉

1 ボウルにAを入れてよく混ぜ合わせてから、野菜を加えて軽く混ぜ合わせる。

おあじみ期　野菜をだしで柔らかく煮る。

2 フライパンにごま油を熱して1の生地を広げるように流し込み両面をカリッと焼く。

3 食べやすい大きさに切ってお好みのタレにつける。

カミカミ期　焼いたものを小さく切り、だしでふやかすように煮る。

完了期　食べやすい大きさに切る。

大人　お好みでコチュジャンやごま油をつけて。ポン酢もおすすめ。

Point！

玉ねぎやかぼちゃ、春菊などいろいろ入れてオリジナルのチヂミを作ってみて。市販のチヂミ粉を使えばさらにお手軽。

フワフワお好み焼き

約30分

長いものフワフワ感がたまらない

〈材料〉2～3枚分

キャベツ(粗みじん切り)		¼玉
ニラ(小口切り)		⅓束
豚肉(薄切り)		4～6枚
桜えび		10g
A	長いも(すりおろす)	50g
	だし	100cc
	卵	1個
	小麦粉	100g
ソース		適宜
マヨネーズ		適宜
青のり		適宜
かつおぶし		適宜
サラダ油		適宜

〈つくり方〉

1 ボウルにAをよく混ぜ合わせてから野菜と桜えびを加え、全体を手早く混ぜ合わせる。

- おあじみ期　Aに卵を入れる前のものをだしでのばし、もんじゃ風に焼く。
- カミカミ期前半　Aに卵を入れる前のものを取り分け、別に小さく焼く。

2 フライパンにサラダ油を熱し、生地をおたまですくって丸く広げて薄切り肉をのせる。

- カミカミ期後半　肉を除いて小さく焼く。
- 完了期　小さく焼き、ケチャップ(分量外)を塗り、青のりを振りかける。

3 中火で8～10分焼きひっくり返してさらに5～6分焼く。

- 大人　皿に盛り、ソースを塗りマヨネーズをかける。青のり、かつおぶしを散らす。

Point!

お好みで、魚介などを入れても！大人は豚バラ肉でもおいしい。
完了期の赤ちゃんはひと口サイズに切ってあげれば手づかみで食べるかも。

和風スープスパゲッティ ●●●● 約20分

かつおこんぶだしの優しいスープにスパゲッティをからめて

〈材料〉大人❷＋赤ちゃん❶

- スパゲッティ …………………… 180g
- かぶ（8等分のくし形に切る） 中1株
- ベーコン（2cm幅に切る） …… 3枚
- 玉ねぎ（薄切り） …………… 中1/3玉
- えのき茸（石づきを取って半分に切る） ……………………………1/2 50g
- オリーブ油 …………… 大さじ1
- バター …………………… 20g
- だし …………………… 300cc
- しょうゆ …………………… 大1/2
- 塩、こしょう（粗びき）………… 少々
- パセリ（刻む） ………………… 適宜

〈つくり方〉

1 鍋にたっぷりの湯を沸かし、塩（分量外）を加えてスパゲッティをゆで時間より1分前に、トングでざるに上げる。

おあじみ期 別の鍋でかぶ、玉ねぎをだしで煮て、つぶす。

（スパゲッティは残ったゆで汁で長くゆでても。）

2 フライパンにオリーブ油とバターを熱して、かぶ、ベーコン、玉ねぎ、えのき茸を炒める。だし、しょうゆを加えて中火で2〜3分ほど煮る。

カミカミ期始め頃 2のベーコン以外の具材を刻み、別の鍋で短く切ったスパゲッティとだしで柔らかくなるまで煮るか、レンジ加熱する。

カミカミ期終わり頃＋完了期 えのき茸とスパゲッティを食べやすく切り、だしで味を調整する。固い場合はレンジ加熱して。

3 1のスパゲッティを加えて混ぜながらからめる。塩で味を調え、器に盛る。

大人 パセリと粗びきこしょうを振る。

Point!

だしは、顆粒のものでも代用可。かつおこんぶがおすすめ。
ベーコンの代わりにソーセージでも。パスタは細麺でもおいしい。

れんこんうどん ●●●● 約15分

れんこんのすりおろしでとろみと甘みが引き立つ一品

〈材料〉大人❷＋赤ちゃん❶

うどん		2玉
だし		600cc
れんこん（皮をむき、すりおろす）		80〜100g
椎茸（石づきを取り、薄切り）		3枚
人参（短冊切り）		中1/3本
鶏ささみ肉（1cm幅のそぎ切り）		2本
A	しょうゆ	大さじ2
A	みりん	大さじ2
A	砂糖	小さじ1
万能ねぎ（小口切り）		適宜

〈つくり方〉

1 鍋にだしとれんこんを入れて煮立て、椎茸、人参、ささみを加えて中火で煮る。

2 Aとうどんも加え、温まるまで煮る。器に盛る。

おあじみ期 人参にだしを加え、別鍋で煮るかレンジで柔らかくしてからすりつぶす。

カミカミ期 具材をだしでのばす。うどんも小さく刻んで、レンジ加熱で柔らかく。

完了期 食べやすく切り、だしでのばす。万能ねぎを散らす。

大人 万能ねぎを散らす。お好みで七味をかけて。

Point!

麺つゆでもOK。濃いめのだしがおすすめ。
すりおろしたれんこんは滋養にもよく、繊維も豊富。

野菜のほうとう風煮こみうどん

離乳食の取り分けに便利なほうとう。かぼちゃのスープを親子で楽しもう!

約20分

〈材料〉 大人❷+赤ちゃん❶

ほうとう麺※	200g
油揚げ	½枚
人参(短冊切り)	中⅓
白菜(細切り)	葉1枚
長ねぎ	½本
しめじ(石づきを取り、小房に分ける)	½P
かぼちゃ(2cm角に切る)	⅛個
だし	1000cc
みそ	50g
薄口しょうゆ	小さじ1½

※ほうとう麺を鍋に入れるタイミングは、表示のゆで時間をもとに調整して。

〈つくりかた〉

1 油揚げは熱湯を回しかけ、1cm幅に切る。

2 鍋にだしを入れてかぼちゃ以外の野菜を加えて煮こむ。

3 野菜が柔らかくなったら、かぼちゃ、油揚げとほうとうを加えて火にかける。

おあじみ期 野菜を取り分けすりつぶす。写真は、かぼちゃと人参を混ぜたもの。

おあじみ期の終わりごろの赤ちゃんには、2種類の野菜を混ぜても。

4 麺とかぼちゃが柔らかくなったら、みそを溶き入れてしょうゆを加えて2〜3分煮る。

カミカミ期 ほうとうと野菜を小さく切り、だしでのばす。ほうとうが固ければ、レンジ加熱して。

完了期 食べやすい大きさに切り、だしで味を調整する。

大人 お好みでゆずや七味をかけて。

Point!

もちもちした食感がクセになるほうとう!
なければもちろんうどんでもおいしい。

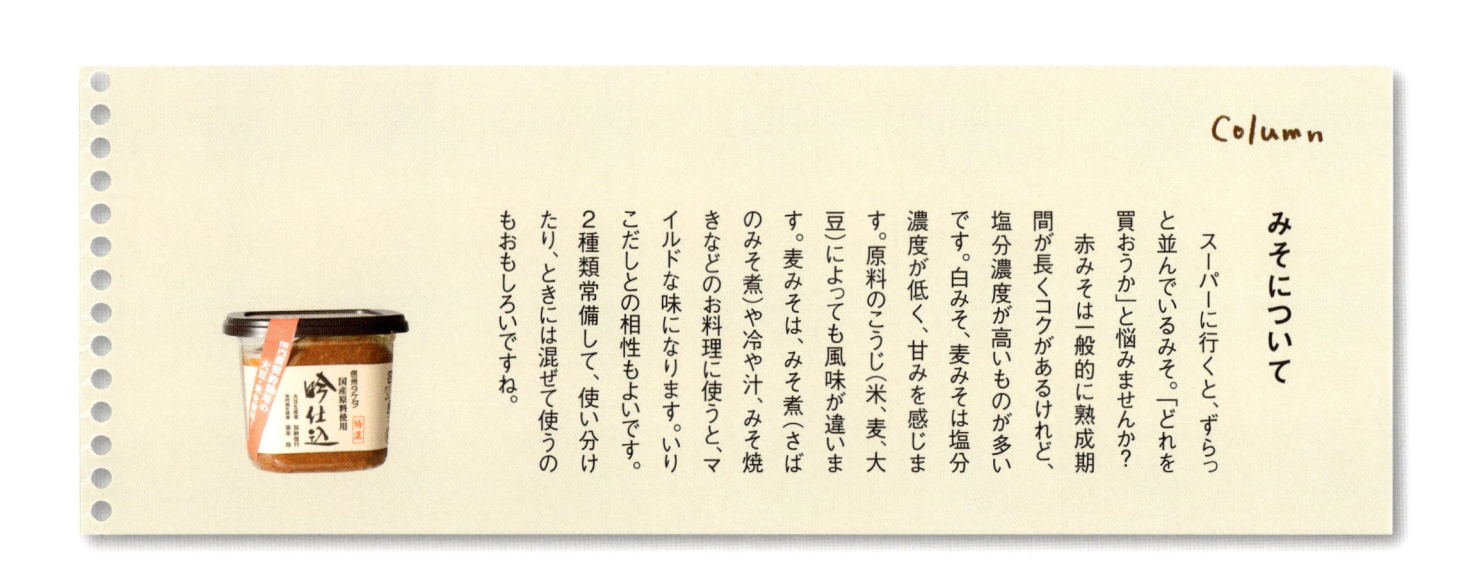

Column

みそについて

スーパーに行くと、ずらっと並んでいるみそ。「どれを買おうか」と悩みませんか?

赤みそは一般的に熟成期間が長くコクがあるけれど、塩分濃度が高いものが多いです。白みそ、麦みそは塩分濃度が低く、甘みを感じます。原料のこうじ(米、麦、大豆)によっても風味が違います。麦みそは、みそ煮(さばのみそ煮)や冷や汁、みそ焼きなどのお料理に使うと、マイルドな味になります。いりこだしとの相性もよいです。2種類常備して、使い分けたり、ときには混ぜて使うのもおもしろいですね。

大人
完了期

すりおろしだれそうめん

約15分

トマト麺つゆときゅうり麺つゆで2倍楽しめるそうめん

〈材料〉 大人❷＋赤ちゃん❶

- きゅうり（皮ごとすりおろす）… 1本
- トマト（皮ごとすりおろす）…… 1個
- そうめん …………………… 2束
- 麺つゆ ……………………… 適宜
  - ツナ缶（水煮）………… 1缶
  - 大葉（細切り）…… 5〜6枚

〈つくり方〉

1 鍋にたっぷりの湯を沸かし、そうめんをゆで、流水でしっかりと洗う。

2 麺つゆにトマトまたはきゅうりを入れて、そうめんをいただく。

おあじみ期 すりおろしたトマトを温めただしで煮て、おかゆにかける。

カミカミ期 短く切ったそうめんとすりおろしたきゅうりとトマトをだしで煮て柔らかくする。

（トロトロになるまで少し長めに煮る。）

完了期＋大人 お好みでツナ、大葉を加える。

（そうめんを短く切ると食べやすい。）

＼できあがり／

Point!

トマトは完熟で！面倒でもきゅうりとトマトをすりおろすのがおいしさの秘密。

こんなときどうする？ 離乳食 Q&A

Q 炭水化物ばかり食べたがります。

A 1歳過ぎたらバランスを考えよう

炭水化物ばかり食べたがる赤ちゃんっていますね。1歳前は多少目をつぶってもいいけど、1歳になったら、「他のものも全部食べたらおかわりしようね」といろいろ食べることも教えていきましょう。

これくらいになったら、穀類、野菜、タンパク質をバランスよく口にすることが理想です。「食べてくれればなんでもいい」という発想にはならないように気をつけましょう。

毎食きちんとバランスを整えて食べるのは難しいのかもしれません。一日の中でなんとかバランスが取れればよしとして、数日の間でいろいろなものを口にできたらそれでOKとするくらいの気持ちで献立を考えましょう。

Q 保育園での離乳食の進め方が早いようで悩んでいます。

A 保育園で何を食べたかを把握して、赤ちゃんをよく観察しよう

家庭である程度食べられるようになってから保育園でも給食を与えるのが原則ですが、思いのほかハードな離乳食を保育園で食べていたり、家で食べたこともないものを既に保育園で食べているのを知って驚くこともあるかもしれません。赤ちゃんは何を食べたか教えてくれませんから、連絡ノートで情報を交換しながら赤ちゃんの様子を観察してください。保育園内に提示されている給食サンプルを見ておくと参考になります。赤ちゃんの様子で気がかりなことがあるときは、遠慮せずに保育士さんや管理栄養士さんと相談してください。

Q 噛まないで飲みこんでしまいます。

A 離乳食の固さの見直しと大人が見本を見せることが大切

1歳前はもともと奥歯がありませんから、上あごと舌でつぶすようにして飲みこんでしまいます。1歳前でまだ噛むしぐさが出ていない子に固まりで食べ物を与えると丸呑みを覚えやすいから、気をつけます。

10～11ヶ月ごろになって、赤ちゃんの親指の頭くらいの大きさでうんと柔らかく煮た大根やかぶを与えてみて、奥の歯ぐきへ運んでモグモグ噛むしぐさが出てきたら、いつまでもベタベタしたものばかりではなく、噛み応えのある野菜を与えるようにします（焦らずに少量ずつゆっくり）。

でも、本当に一番大事なのは、赤ちゃんと一緒に『大人がよく噛んで食べて見せる』ことです。親が東北弁なら子どもも東北弁、関西弁のうちの子は関西弁。親がよく噛んで食べる家の子はよく噛んで食べます。親がしゃべらない外国の言葉は、例え一日中外国語のビデオを見せても子どもは外国語を話すようにはなりません。

どんなに手のこんだ離乳食を作っても、マニュアルに添っておもゆから慎重にステップを重ねても、残念ながら子どもは見たことのないことはできないのです。でも、生まれたその日から親がおいしそうに食べているごはんの食べ方なら、赤ちゃんは教わらなくてもできるようになります。

こんなときどうする？ 離乳食 Q&A

Q とても小食で、ほとんど食べてくれません。

A 無理に食べさせようとしないで

もともと小食の赤ちゃんもいますし、7～8ヶ月になってもちっとも食に目覚めない子もいます。小食でも元気があり、おっぱいやミルクをよく飲んで、母子健康手帳の成長曲線に沿って、小さくても体重や身長が伸びているのなら、あまり心配はいりません。

一生懸命作って食べさせたくても食べるのを嫌がる場合は、食べ物に対する関心がまだ充分に育っていないのかもしれません。「親の責務として食べさせねばならぬ」の勢いで強要されては、赤ちゃんも雰囲気を察しストレスに感じるかもしれません。

生きていく上で、何よりの楽しみであるはずの食事が「食べねばならぬ」ではお互いにつらいだけで、本末転倒です。あの手この手で、なんとか一口でも食べさせようとムキになって強要するとますます食べるのを嫌がることもあります。

押してだめなら引いてみる。あまりに嫌がる時は、離乳食を一度中断しておっぱいやミルクの生活に戻し、赤ちゃんの食べたい、という意欲が育つのを待ってみても大丈夫です。食べることに気のないように見える子でも、1歳2～3ヶ月ごろには急に食べ始めるものです。

1歳半ごろになっても小食で、気が向いたときにはおにぎりでもおせんべいでもちゃんともりもりバリバリ食べられるクセに、ちょっと気に入らないと放り出しておっぱいやミルクばかり欲しがるようなおっぱい星人やミルク星人は思い切って断乳をした方がちゃんと食事をとるようになります。

Q 離乳食を口の中にためこんでいつまでも飲みこめません。

A まずは、飲みこめない原因を知ろう

月齢がいっていない赤ちゃんの場合は、離乳食自体が早すぎる可能性があります。一度お休みして、食べたがるのを待ってみましょう。

形状や固さに違和感があるのかもしれないので、少し前の離乳食の状態に戻してみるのもよいです。

完了期くらいの赤ちゃんの場合は、モグモグしている食材が気に入らない可能性もありますね。そのままべーっと吐き出すようなら適当なところで食事を切り上げても構いません。あるいは、「食べなさい！」という強いプレッシャーを感じて抵抗して飲みこまないこともあります。離乳食は無理強いするものではありません。みんなで楽しく食卓を囲んでくださいね。

第6章

タンパク質を食べて
元気に成長

魚・大豆・肉

成長に欠かせないタンパク質で、
元気な体づくりを!
食べることが好きになる
おいしい主食メニュー。

タンパク質を徐々に取り入れて メニューも充実

野菜に慣れてきたおあじみ期後半くらいから、タンパク質（大豆・魚・肉・卵・牛乳）をメニューに取り入れます。タンパク質が加わることで、食事のバランスが整い、メニューの幅もぐんと広がります。メインディッシュとして、赤ちゃんにうれしい、おいしいものがたくさん登場してきます。

　タンパク質も、野菜同様、大人の食事からの取り分けで対応します。家族みんなで分け合って一緒にいただく食卓は幸せで楽しみですね。

　ところで、ここでちょっとアレルギーについて触れます。赤ちゃんにときどき見られる食物アレルギーは主に食物の中のタンパク質に対して起こる免疫反応です。

　アレルギーの心配がある赤ちゃんは通常よりも離乳食の開始をゆっくりにします。できるだけ消化吸収力がついてきてから離乳を始めます。赤ちゃんが本当に食べたがるようなしぐさを見せる6・7ヶ月以降まで開始を待つこともあります。アレルギーの心配がある場合はかかりつけ医に相談してください。

【タンパク質の進め方】

●**おあじみ期：**おあじみ期も後半に入ったら、まずは絹豆腐をちょっぴり。それが問題なければ、みそやしょうゆをほんの少し。そのあとは木綿豆腐も。おあじみ期の終盤から新鮮な白身魚、脂身の少ない鶏のささみを与えてみて。

●**カミカミ期：**新鮮な赤身の魚、豚肉や牛肉の赤身、よく加熱した卵や乳製品へと進む。納豆やきな粉も食べられるように。

●**完了期：**新鮮な青魚やよく加熱した牛乳も与えてみてもOK。

Point!

- □野菜に慣れてきたらタンパク質に挑戦
- □まずは絹豆腐をちょっぴり
- □おあじみ期終盤から新鮮な白身魚と鶏のささみ
- □カミカミ期には新鮮な赤身魚や赤身の肉も
- □完了期には新鮮な青魚や加熱した牛乳・卵も
- □アレルギーの心配がある場合はかかりつけ医に相談して

魚の煮つけ ●●● 約15分

新鮮な魚はシンプルな調理法がおいしい

〈材料〉 大人❷～❸＋赤ちゃん❶

金目鯛※ …………………… 2、3切れ
ごぼう（皮をこそげて5cm長に切った後、水にさらす） ……………… ¼本
絹さや（筋を取り、塩を加えた熱湯でさっとゆでる） ………………… 4枚
しょうが（よく洗い皮つきのまま薄切り） ……………………………… ½片

A	水	100cc
	酒	大さじ2
	みりん	大さじ2
	しょうゆ	大さじ2
	砂糖	大さじ½

※生たら、かれい、鯛などの切り身でも。

〈つくり方〉

1 フライパンにしょうがとAを入れて強火で煮立たせる。

2 中火にして、金目鯛を並べ入れ、あいた所にごぼうを入れる。

魚の骨に気をつけて。

3 アルミホイルの落としぶたをのせて中火で10～12分煮る。煮汁が半分くらいになるまで煮詰めれば完成。皿に盛り、絹さやを添える。

カミカミ期 だしでのばしながら粗くほぐす。ごぼうは細かく刻む。

完了期 タレを少しからませる。魚は粗くほぐす。ごぼう、絹さやは食べやすく切る。

味が濃いと感じたらタレをだしでのばして。

大人 皿に盛り、絹さやを添える。

Point!

落としぶたはアルミホイルの真ん中に1cmくらいの穴をあけて、くしゃくしゃにしてから広げたものを置く。ごぼうは繊維があるので、離乳食用にはあらかじめ繊維を断ち切る切り方をしておくとより食べやすい。緑色の野菜を添えるといろどりがきれいになる。

大人

カミカミ期

完了期

鮭と野菜のオーブン焼き

約30分

みそだれでごはんがすすむ

〈材料〉大人❷〜❸＋赤ちゃん❶

- 生鮭（塩、こしょうを振る）……2切れ
- 塩、こしょう……少々
- じゃがいも（薄切りにして、水にさらす）……中½個
- ズッキーニ（1cm幅の輪切り）…½本
- A
  - 長ねぎ（みじん切り）……大さじ2
  - みそ……30g
  - みりん……小さじ1
  - 砂糖……大さじ½

〈つくり方〉

1 Aの長ねぎと調味料を混ぜ合わせて、みそだれを作っておく。

2 耐熱容器に野菜、鮭を入れてみそだれを塗り、オーブントースターで15〜20分ほど色よく焼く。

表面が焦げてきたら、アルミホイルをのせると焦げにくい。

おあじみ期終わり頃 具をだしですりつぶしておかゆにのせて。

カミカミ期＋完了期 食べられる大きさに切りほぐし、味はだしでのばして調整する。

大人 みそだれをたっぷり塗って焼いて。

Point!

旬の切り身なら何でもOK！ 大きな耐熱容器で焼く場合は、予熱したオーブン210℃で15分〜20分程度焼く。マヨネーズとみそを和えたミソマヨを塗って焼いても美味！

大人

カミカミ期

完了期

たらときのこのホイル焼き

約30分

基本のホイル焼きを覚えてアレンジしよう！

〈材料〉 大人❷＋赤ちゃん❶

生たら切り身※1（塩、こしょうを振る）……… 2切れ
玉ねぎ（薄切り）……… 中1/4個
しめじ※2（石づきを取ってほぐす）……… ½P（50g）
えのき茸※2（石づきを取ってほぐす）……… 1P（100g）
レモン（輪切り）……… 2枚
バター……… 20g

※1 旬の切り身なら他の魚でも。
※2 きのこは舞茸やエリンギ、椎茸でもおいしい。

Point！

大人の分は、少量の白ワインを振りかけて焼くと風味がUP！

〈つくり方〉

1 アルミホイル（約25cm×2枚）に玉ねぎ、きのこ、たら、バターの順にのせて包み、端をしっかりと閉じる。中はふわっと空気を入れて、口はしっかり閉じると、うまく蒸せる。

2 トースターかグリルで20〜25分焼き、輪切りにしたレモンを添える。

きのこは消化しにくいから細かく刻んで。

カミカミ期 魚と野菜を小さくし、だしでのばす。

完了期 それぞれを食べやすく切り、しょうゆを少したらす。

大人 しょうゆやお好みの調味料で。

豚しゃぶ鍋

約15分

レタスをたっぷりいただくヘルシー鍋

〈材料〉大人❷＋赤ちゃん❶

豚肉（しゃぶしゃぶ用）……… 300g
絹豆腐（食べやすい大きさに切る）
…………………………… ½丁
レタス（洗ってちぎる） ………… ½玉
だし …………………………… 適宜
ポン酢 ………………………… 適宜
ごまだれ（万能ねぎを散らす）… 適宜

〈つくり方〉

1 鍋にだしを入れて中火にかけ、ひと煮立ちさせる。

豚肉を入れる前に取り分けて。

2 豆腐、レタス、豚肉をくぐらせ、火が通ったら、お好みのタレで食べる。

最後にごはんやうどん玉を入れるとおなかも大満足。

おあじみ期 豆腐、レタスを取り置いただし汁でつぶす。

カミカミ期 豆腐、レタス、豚肉を細かくし、だし汁を加える。

完了期 それぞれ食べやすい大きさに切り、ごまだれなど調味料で薄く味つけして。

大人 一味やゆずこしょう、ラー油などでも。

Point!

具材を3〜4種類にしぼったシンプル鍋はそれぞれの具のおいしさが引き立つ。レタスをたくさん食べると、便通がよくなる。冬は白菜、水菜など旬の野菜で。

手羽先の韓国風煮こみ

約35〜40分

簡単サムゲタン風煮こみで元気に

〈材料〉大人❷＋赤ちゃん❶

鶏手羽先	5本
じゃがいも（1cm角に切る）	中1個
ごはん	80g（1/2杯）
ほうれん草（熱湯でさっとゆで、2cm幅に切る）	3株
水	500cc
こんぶ（5cm角）	1枚
しょうが（皮をむいて薄切り）	1/2片
酒	小さじ1
しょうゆ	小さじ1
塩	少々
ごま油	適宜

Point!

大人はお好みで粗びきこしょうや、韓国のり、コチュジャン、ラー油などを入れても。煮こめば煮こむほどトロトロの鶏肉が楽しめる。

〈つくり方〉

1 鍋に分量の水とこんぶ、じゃがいも、ごはんを入れて、煮立たせ、こんぶを取り出し、中火で10分ほど煮る。

おあじみ期　じゃがいもとごはんをすりつぶす。

2 手羽先、酒、しょうがを入れてフタを少しずらし、弱火で20分ほど煮る（アクを取る）。

3 ほうれん草を加える。しょうゆを加えて、塩で味を調える。

カミカミ期　ごく薄味で取り分け、具材を細かくする。

完了期　薄い味つけで取り出し、食べやすい大きさに肉もほぐして。

大人　ごま油をかける。

豚肉と大根の柔らか煮

●●●● 約25分

丁寧な下ゆでで中まで柔らかいほっこり大根を

〈材料〉 大人❷～❸＋赤ちゃん❶

- 豚肩ロース肉（塊肉）※（2cm幅のひと口大に切る） …… 250g
- 大根（2cm幅のひと口大に切る） …… 中約10cm（250g）
- だし …… 400cc
- 大根の葉（2cm幅に切る） …… 適宜
- しょうが（皮をむいて薄切り） …… ½片
- A
  - 砂糖 …… 大さじ1
  - 酒 …… 大さじ1
  - しょうゆ …… 大さじ2
  - みりん …… 大さじ2
- サラダ油 …… 大さじ1

※肉はこま切れの豚肉や鶏肉でもOK。

〈つくり方〉

1 大根の葉は塩（分量外）を入れた熱湯でさっとゆでておく。

2 鍋にサラダ油を熱して豚肉を炒め、表面に焼き色をつける。肉の余分な油はペーパータオルで軽く拭き取る。

3 2に大根、だし、しょうがを入れて中火にかけ、15分ほど煮てアクを取る。

- **おあじみ期** 大根を別鍋で煮てつぶす。

4 3にAを加えて煮汁が1/3になるまで弱火で煮る（落としぶたをすると味がしみやすい）。

- **カミカミ期前半** 大根のみを取り出し、だしでのばし、つぶす。

5 器に盛り、大根の葉を散らす。

ゆで卵を一緒に煮てボリュームアップしてもGOOD。

- **カミカミ期後半** 大根は粗くつぶし、豚肉は刻む。だしで味を調整する。
- **完了期** 食べやすい大きさに切り、だしでのばして味を薄める。

Point!

大根を味つけ前にじっくりゆでるので、大根が柔らかくなる。
葉つきの大根を買ったら、葉を熱湯でゆでて、仕上げに散らして。

さつまいもと鶏肉のごまみそ煮

●●●● 約25分（水にさらす時間は除く）

いつもの煮物にごまみそでアクセントを

〈材料〉 大人❷〜❸＋赤ちゃん❶

さつまいも（皮ごと1cm幅の輪切り）……中1本（250g）
鶏手羽元……5〜6本
いんげん（へたを切り落として4等分に切る）……4枚
しょうが（皮をむいて薄切り）……½片
だし……400cc
白すりごま……大さじ1½
A しょうゆ……大さじ1
酒……大さじ1
みりん……大さじ1
白みそ※……大さじ2

※白みそがないときは他のみそで味を調整する。

Point!

鶏肉の表面を油で焼いてから煮るとさらにおいしい。

〈つくり方〉

1 さつまいもは10分ほど水にさらす。Aは合わせておく。

2 鍋に水気をきったさつまいも、だしを入れて中火で10分ほど煮こむ。

おあじみ期 さつまいもをだしでのばしつぶす。

3 さつまいもを鍋のはしに寄せて鶏肉としょうがを加え、全体に煮汁が回るように5分ほど煮る。

カミカミ期 さつまいもは粗くつぶし、鶏肉をほぐし、だしでのばす。

鶏肉は食べやすい柔らかい部分を。

4 3にAといんげんを加えて全体に絡まるようにときどきやさしく鍋をゆすり、さらに4〜5分煮る。煮汁が少なくなったらすりごまを加えて全体に和える。

完了期 具材を食べやすく切り、鶏肉は骨をはずしてほぐし、だしで味をのばす。

大人 お好みでごま油を回しかけても。

大豆入り豆腐ハンバーグ 玉ねぎソースがけ

約25分

ヘルシーハンバーグは大人も赤ちゃんも大好き

〈材料〉 大人❷〜❸＋赤ちゃん❶

木綿豆腐		½丁（170g）
水煮大豆（缶）（水気をきる）		120g
鶏ひき肉		160g
ブロッコリー（小房に分ける）		適宜
A	パン粉（大さじ1の牛乳に浸しておく）	大さじ1
	みそ	大さじ1
	卵	1個
だし		150cc
玉ねぎ（みじん切り）		中½個
B	しょうゆ	大さじ1
	酢	大さじ1
	砂糖	大さじ1
	バター	小さじ1（5g）
サラダ油		大さじ1

〈つくり方〉

1 豆腐はペーパータオルで包み、電子レンジに2分ほどかけて水気を取る。ブロッコリーは塩（分量外）を入れた熱湯で下ゆでする。

2 小さめの鍋に玉ねぎとだしを入れて中火にかけ、玉ねぎが柔らかくなるまで煮る。

おあじみ期 玉ねぎをすりつぶして、おかゆにかけて。

玉ねぎの繊維をよく断ち切って。

3 2にBを加えて煮立たせて、ソースを作る。

4 ボウルに豆腐、大豆、鶏ひき肉、Aを入れてねばりが出るまでよく混ぜ合わせる。

5 フライパンにサラダ油を熱して食べやすい大きさに平たく丸め、フタをして中火で両面をこんがり焼く。

カミカミ期前半 大豆を抜いて焼き、食べやすい大きさにほぐす。

6 ハンバーグとブロッコリーを盛り、3のソースをかける。

完了期 粗く刻んだ大豆を入れて焼き、食べやすい大きさに切る。ソースを少しかけて。

大人 ソースをたっぷりかけて。

Point！

玉ねぎソースは万能！焼いた肉や白身魚などにも合う。
ハンバーグは中まで火が通るようにフタをして焼いて。

和風麻婆豆腐(大豆入り)

約15分

やさしい味の麻婆豆腐は赤ちゃんも大好き

<材料> 大人❷～❸+赤ちゃん❶

牛ひき肉(赤身)		80g
しょうが(みじん切り)		小さじ1
長ねぎ(みじん切り)		約10cm
絹豆腐(さいの目に切る)		1丁
水煮大豆(缶)(水気をきる)		60g
A	だし	100cc
	酒	大さじ2
	みりん	大さじ1
	しょうゆ	大さじ2
	砂糖	小さじ1
サラダ油		大さじ1
水溶き片栗粉(粉:小さじ2 水:大さじ1)		
ごま油		適宜
万能ねぎ(小口切り)		適宜

<つくり方>

1 豆腐は1～2分熱湯で下ゆでする。

おあじみ期 豆腐をだしで煮てのばす。

2 フライパンに油を熱し、しょうがと長ねぎを炒め、香りが出たら、ひき肉、大豆を加えさらに炒める。

3 ひき肉がポロポロになったら、Aを加えてひと煮立ちさせる。豆腐を入れ大きく3～4回混ぜ、水溶き片栗粉を加えて全体にとろみをつけ、ごま油を少々かける。

カミカミ期後半 具材をだしでのばして。大豆はすり鉢でしっかりつぶすか、取り除く。

4 器に盛り、万能ねぎを散らす。

完了期 大豆が食べにくいときは粗くつぶす。だしでのばして。

大人 お好みでラー油をかけて。

Point!

豆腐は下ゆでするひと手間をかけると、崩れにくくなる。
大人はお好みでラー油や七味で辛さや風味をプラスして。

大人

おあじみ期

カミカミ期後半

チキンとカリフラワーのスープカレー

マイルドな味のスープカレー

約30分

〈材料〉 大人❷〜❸＋赤ちゃん❶

	鶏手羽元	6〜7本
	カリフラワー（小房に分ける）	小1株（200g）
	玉ねぎ（みじん切り）	中1個
	しょうが（すりおろす）	½片
	水	500cc
	コンソメ（顆粒）	大さじ1
	小麦粉	小さじ2
	カレー粉※1	大さじ2
A	バター	10g
A	トマトペースト※2	大さじ2
A	豆乳（無調整）	100cc
A	砂糖	小さじ2
	サラダ油	大さじ1
	パセリ（刻む）	適宜
	ごはんまたはパン	適宜

※1 カレー粉はスパイシーなものが多いので、甘口のルーを使っても。その場合はしょうがとコンソメ、小麦粉は除いて。　※2 トマトペーストがない場合はトマトケチャップでもOK。

〈つくり方〉

1 鍋にサラダ油を熱して玉ねぎ、しょうがを炒める。玉ねぎが透き通ってきたら、鶏肉を加えて全体に油が回るように炒める。

2 小麦粉を加えてさらに炒める。粉っぽさがなくなったら分量の水、コンソメ、カリフラワーを加えて中火で10分ほど煮こむ。

カミカミ期前半 カレー粉を入れる前のスープとカリフラワーを取り出し、だしでのばし、つぶす。

カミカミ期後半 鶏肉は骨をはずして粗くほぐす。カリフラワーは食べやすくつぶす。

3 カレー粉を加えて5分ほど煮る。Aを加えて弱火でさらに5分ほど煮る。器に盛りごはんと一緒に。

完了期 だしでカレー味を薄めるか、豆乳やヨーグルトでのばす。具材は食べやすい大きさにする。

大人 福神漬けやらっきょうをお好みで添えて。ごはんにパセリを散らしても。

Point!

完了期の赤ちゃんにカレーの風味を楽しんでもらう場合は、少量のカレー粉を入れた後のものを取り分けて。

Column

子どもカレー、どうやって作る？

赤ちゃんがいても、カレーはやっぱり食べたいもの。

1歳くらいまでは、カレー粉やルーは最後に入れて、赤ちゃんには、カレー味ではないスープと具のおすそ分けが一般的です。1歳を過ぎると、風味づけ程度にカレー味にしてもOKです。みんなどのように子どもカレーを作っているのか、先輩ママたちに聞いてみました。

「りんごをすりおろして甘みをプラスします。」（Yさん　子ども6歳、0歳）

「かぼちゃやさつまいもなど甘い野菜を入れます。」（Nさん　子ども3歳）

「お皿に盛ったあと、プレーンヨーグルトを添えて。」（Aさん　子ども5歳）

「調整豆乳や牛乳を混ぜます。」（Kさん　子ども2歳、1歳）

「だし汁でのばすと、和風カレー味に。」（Mさん　子ども4歳、0歳）

「クリームコーンを入れます。」（Tさん　子ども3歳）

大人

ミートボールのトマト煮こみ マッシュポテト添え

約30分

赤ちゃんも大好きなトマト味のミートボール

〈材料〉 大人❷～❸＋赤ちゃん❶

A	合いびき肉	250g
	玉ねぎ（みじん切り）	中 1/3個
	パン粉（大さじ2の牛乳に浸しておく）	大さじ2
	卵	1個
	塩、こしょう	少々
B	カットトマト（缶）	1缶（400g）
	水	100cc
	コンソメ（顆粒）	大さじ1
	ローリエ（あれば）	1枚
	ブロッコリー（小房に分ける）	1/2株
	じゃがいも（ひと口大に切る）	中2個
	バター	5g
	牛乳	大さじ3
	オリーブ油	大さじ1
	塩、こしょう	少々

〈つくり方〉

1 つけ合わせのじゃがいもは大きめの耐熱容器に入れてラップをかけ、電子レンジで5～6分加熱し、バターと牛乳で柔らかくつぶす。

おあじみ期 レンジ加熱したじゃがいもを、だしでのばす。

2 Aは粘りが出るまでこね合わせる。8等分に丸くする。

3 大きめのフライパンにオリーブ油を熱して、2を転がすようにして表面を軽く焼く。

4 Bを加えて、15分ほど中火で煮こみ、ブロッコリーを加えフタをしてさらに5分ほど煮る。

カミカミ期 1のマッシュポテトに4のトマトソースを少しかけて。

5 塩、こしょうで味を調える。器に盛り、1のマッシュポテトを添える。

完了期 食べやすく切って。ソースの味が濃かったらだしでのばす。

大人 ソースをたっぷりかけて。

Point!

形がきれいなミートボールを作るには、よくこねることが大事。
大人はお好みで生クリームや粉チーズをかけるとさらにおいしい！

根菜のすき焼き

●●●● 約25分

ピーラーさえあれば、根菜たっぷりのヘルシーすき焼き♪

〈材料〉大人❷＋赤ちゃん❶

牛肉（すき焼き肉）	300g
木綿豆腐（半分に切り、1cm幅に）	½丁
大根（ピーラーで削る）	⅓本
人参（ピーラーで削る）	中1本
ごぼう（ピーラーで削る）	1本
椎茸（石づきを取って半分に切る）	5〜6枚
A だし	250cc
A しょうゆ	120cc
A 砂糖	大さじ4
A みりん	大さじ2
卵	2個

〈つくり方〉

1 鍋にAの割り下を入れて煮立たせ、牛肉、豆腐、野菜の順に加える。

おあじみ期 別鍋にだしを入れて野菜を1〜2種類（写真は大根と人参）柔らかく煮てからつぶす。

肉があるので、ここは別鍋で。

2 煮えた順にいただく。煮詰まったら、だしを足し、味を調整する。

カミカミ期 豆腐、野菜を小さく切り、温めただしでのばす。

完了期 卵につける前のものを食べやすい大きさに切り、温めただしでのばす。

大人 割りほぐした卵につけていただく。

Point!

ピーラーがなくて、薄切りが大変だったら、春菊などのお好みの具材で。最後にうどんを入れるのもおすすめ。

こんなときどうする？

離乳食 Q&A

Q 遊び食べをして困っています

A 食事のマナーや習慣が身につくと他のこともキチンとできる

食卓で遊ぶ赤ちゃんに悩むママは多いですね。単にきれいに食べられなくて散らかしているのなら、「散らかさないように食べようね」と言ってさっさと片付け、汚いのを放置したままにしないようにしましょう。

もし明らかに食べ物で遊んでいる場合は、「遊ぶのならもうおしまいね」と言って、赤ちゃんを食卓から退場させます。ひと口食べて席を離れて遊びに行ってはまた戻ってきて食べるという場合も同様です。「席を立つならごちそうさましますよ」と言って片付け、戻ってきても与えません。

食の細い子に、遊んでいるドサクサにまぎれて口に食べ物を運び入れるのも止めた方がよいです。

食事のしつけは、赤ちゃんにとって人生の最初のしつけです。食事のマナーや習慣がきちんと身につく子は、他のこともたいていきちんとできます。

食べ物をみんなで仲良く分け合って大切にいただくこと、食事中は遊んではいけないこと、マナーを守って気持ちよくバランスよく食事をすることを、きちんと伝えていきましょう。

Q 牛乳や卵などはいつから与えていいでしょう？

A 1歳過ぎから少しずつ

牛乳や卵はぜひとも子どもに食べさせたい食品だと思いがちですが、必ずとらなければならない食品ではありません。本来日本人は牛乳や卵を頻繁にとる民族ではありません。アレルギーや消化の問題もあるので、卵は1歳くらいから少しずつ、目玉焼きといった卵がメインの料理は、1歳半以降がいいでしょう。同様に、牛乳も1歳過ぎてから与えるので十分です。

カルシウムや鉄分は牛乳や卵より含有率の低い、魚介類、海藻、大豆からの方が吸収率がよいとも言われています。栄養価の高い牛乳や卵を頻繁にあげすぎると、いろいろな食材をバランスよく食べるのが難しくなりがちです。

牛乳や卵は手軽でおいしい便利な食材ですが、あまり頼りにしない方がよい食品です。

Q 便秘にいい食材は？

A 食材の工夫だけでなく離乳食のペースを見直した方がいいことも

一時的な便秘だったらりんごやバナナを試してみるのもいいかもしれません。玉ねぎやどくだみ茶も便通をよくするようです。でも、離乳食が進んだことで便秘をするようなら、離乳食の量を減らしたり、もっと柔らかくしてみます。その離乳食が赤ちゃんにとって重すぎる可能性があるからです。離乳食のペースを後退させて様子を見ましょう。

また、3～4日便通がないようなら肛門を綿棒で刺激してみるか、赤ちゃんを寝かせたまま足を屈伸させたりして腸の動きを助ける運動を試みてみましょう。ひどい便秘を繰り返す場合は、一度小児科に相談してください。

第7章

簡単！ヘルシー！手作りおやつ

おやつ

砂糖控えめのやさしい手作りおやつ。
果物やいも類の素材を生かした
簡単おやつは赤ちゃんも大好きで
思わずニッコリ。

おやつは離乳してからが基本。ごはんをよく食べていたら少量与えても

赤ちゃんが喜ぶ顔が見たいからと早くからおやつを与えるママもいるでしょう。あるいはお出かけの際、騒いだときの奥の手におやつを使いたくなるかもしれませんね。

食の細い子におやつでも何でもいいからとにかく何か食べて！とおやつばかり食べさせてしまうこともあります。しかし、基本的に離乳の間は、おやつとしておっぱいやミルクがあるのでおやつは必要ありません。

おやつは早くても1歳ごろから与え始めるのでも十分です。大人のごはんを作って赤ちゃんと分け合って食べて、おっぱいやミルクも飲んで、まだ余力があったらおやつを作って食べさせてみましょう。

糖分や塩分、カロリーや脂肪のことを考えると、市販のおやつよりもほんのり甘くて体にやさしい手作りおやつの方がいいでしょう。果物やいも類、穀類、乳製品など素材を生かして、電子レンジでチンするだけ、切るだけ、混ぜるだけなど、手軽なものをご紹介します。

おやつが食事にひびかないように量や回数に気を配ります。赤ちゃんがおいしいお菓子の味を覚えてごはんを食べなくなってしまったら元も子もありません。余分なエネルギーをとると肥満にもつながるので、離乳前の子どもにはおやつはなくても大丈夫です。

Point！

- □ おやつは基本、離乳してから
- □ 1歳2、3ヶ月くらいから ごはんをちゃんと食べていたら少量あげても
- □ お菓子でなく果物やふかしいもなどごはんに近いものを
- □ なるべく手作りのものを
- □ 回数や量に気を配り、あげすぎに注意

おやき

約15分

おせんべいと焼きおにぎりの中間くらい!?

〈材料〉 5〜6個分

ごはん	120g
しらす干し	6g
青のり	小さじ1
サラダ油	適宜

〈つくり方〉

1 具材をボウルに入れて混ぜ合わせる。

2 ラップに入れて小さく丸めてから、平らにする。

3 フライパンにサラダ油を薄くひいて熱して、2の両面を色よく焼く。

Point!

しらす干しの代わりにかつおぶしでも。P60の人参バターライスに粉チーズを混ぜて焼いてもGOOD。大人はお好みでしょうゆをちょっとつけて焼いて！

マカロニきな粉 ●●

約10分

意外なマッチングがおいしい新おやつ！

〈材料〉 大人❶＋赤ちゃん❶

マカロニ	30g
きな粉	大さじ1½
三温糖※	少々
塩	適宜

〈つくり方〉

1 鍋に湯を沸かして、マカロニを柔らかくゆでる。

2 1のマカロニをざるに上げて、水気をきり、きな粉と三温糖で和える。
お好みで塩を少々振ると甘みが増す。

Point!

大人は、パスタという先入観を捨てて食べてみよう！
すりごまを混ぜたり、ふかしたさつまいもを加えてもおいしい！

※甘さはお好みで調整して。

バナナ蒸しパン ●●　約20分

ホットケーキミックスで作るお手軽蒸しパン

〈材料〉 6個分

	ホットケーキミックス粉	150g
	完熟バナナ	1本
A	牛乳	70cc
A	サラダ油	大さじ1
A	卵	1個

〈つくり方〉

1 バナナをボウルに入れ、フォークの背でつぶす。

2 別のボウルに**A**を入れてよく混ぜ合わせる。

3 **2**に**1**のバナナ、ホットケーキミックス粉を加えて混ぜ合わせ、型の半分くらいまで流し込む。

4 鍋に湯を沸かし、沸騰したら**3**を並べて蒸し器をセット。12分ほど蒸す。
水が少なくなったら、足して。

Point!

紙のカップだけだと熱で広がるので、蒸す場合は、厚手のものかアルミカップなどを重ねて蒸す。蒸すときと、蒸し上がりは、熱いのでやけどに注意！

りんごと人参のゼリー ●●

約15分（冷やし固める時間は除く）

りんごジュースのプルプルゼリー

〈材料〉 70ccカップ4個分

りんごジュース（100%）…… 250cc
人参（薄切り）…………………… 70g
粉寒天※（表示に従い、水で戻す）
………………………………… 5g

※粉ゼラチンの場合も5g。

〈つくり方〉

1 人参はかぶるくらいの水（分量外）を加えて、弱火で柔らかくゆでる。

2 1をざるに上げて水気をきったものと分量のりんごジュースをミキサーにかけてなめらかにする。

3 2を鍋に移し、沸騰直前まで温めて火を止め、粉寒天を加えて混ぜながら溶かす。

4 グラスに流し入れ、粗熱が取れたら、冷蔵庫で1時間ほど、冷やし固める。

Point!

ミキサーがない場合はすり鉢でするか、細かくつぶして。
牛乳アレルギーがあると粉ゼラチンは使えない。赤ちゃんには寒天の方が安心。

りんごとヨーグルトのシリアル ●●●

約5分

甘すぎないさわやかなおやつ

〈材料〉 赤ちゃん❶

りんご（すりおろしたもの）…… 大さじ1
プレーンヨーグルト ……… 大さじ1½
プレーンシリアル ………… 10〜12g

〈つくり方〉

1 りんごはよく洗ってから、皮ごとすりつぶす。シリアルはこまかく砕く。

2 1のシリアルとヨーグルトを和えて、りんごをのせる。

Point！

りんごの代わりに梨でもおいしい。ヨーグルトの中に果物をすりおろしてすぐに和えると、果物が酸化してしぶくなるのを防げる。シリアルはビニール袋に入れて砕くと、簡単！

さつまいもチップス

約30分（水にさらす時間は除く）

オーブンで焼くヘルシーチップス

〈材料〉作りやすい分量

さつまいも	中1本
塩	適宜

〈つくりかた〉

1 さつまいもはよく洗い、皮のままできるだけ薄く切り、10分ほど水にさらす。

2 1の水気をペーパータオルなどでしっかりと取り、クッキングシートに重ならないように並べる。180度のオーブンで20～25分焼き、余熱で5分ほどおく。

3 大人は温かいうちに塩を軽く振る。

Point!

ときどき様子を見て焦げすぎないように。温かいうちがおすすめ。かぼちゃ、れんこん、人参でもおいしい。薄く切れば切るほどカリカリの食感に仕上がる。

くるくるさつまいもロール

約15分（水にさらす時間は除く）

かわいらしいサンドロールに赤ちゃんもご機嫌！

〈材料〉5本分

さつまいも	中1本
牛乳（豆乳）	60〜70cc
バター	15g
サンドイッチ用食パン	5枚

〈つくり方〉

1. さつまいもは皮をむいて、角切りにし、水に10分ほどさらす。
2. 耐熱容器に水を軽くきった**1**のさつまいもを入れてラップをかけ、電子レンジで4〜5分加熱する。
3. 柔らかくなったかを確認し、牛乳とバターを加えて、フォークの背でつぶすように混ぜ合わせる。
4. 食パンに**3**を薄く塗る。はしからくるくると巻き、ラップで包み両はしを閉じ、食べやすい大きさに切る。

Point！

かぼちゃでも甘くておいしい！さつまいもやかぼちゃはふかすとより甘みが増した仕上がりに。

豆乳フレンチトースト ●● 約15分

卵を使わないヘルシーおやつ

〈材料〉 2枚分

豆乳（無調整）……………… 150cc
三温糖 …………………… 大さじ1
食パン …………………8枚切り 2枚
片栗粉……………………… 適宜
バター …………………… 15g

〈つくりかた〉

1 豆乳に三温糖を加えて、よくかき混ぜる。

2 食パンを1によく浸す（バットなど平らなものを使うと均一に浸せる）。

3 焼く直前に2を豆乳液から取り出し、皿などの上で片栗粉を茶こしでふるいながら両面にまぶす。フライパンにバターを熱して、中火で両面をカリッと焼く。

4 食べやすい大きさに切る。

Point!

片栗粉をまぶしてから焼くことによって卵を使わなくてもカリッと焼ける。大人は三温糖で甘さを加えたり、はちみつ、シナモンパウダー、きな粉、メープルシロップなどをかけても。

市販のおやつは、どんなものがおすすめ？

糖分や塩分、添加物の多いスナック菓子より、素材を生かした体にやさしいおやつを選びましょう。

●赤ちゃんせんべい

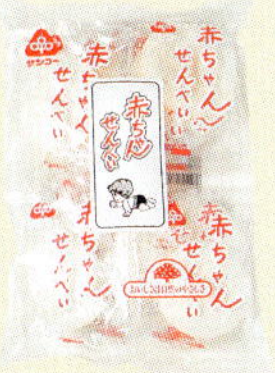

「ぽんせん」とも呼ばれるお米でできたベビーせんべい。糖分も塩分も控えめ。お口の中でふやけて溶けるので赤ちゃんも食べやすい。

●干しいも

さつまいもを乾燥した干しいも。ほんのりとした甘みに、赤ちゃんも夢中。スティック状に切って、赤ちゃんに持たせてあげて。

●おしゃぶりこんぶ

海のものなので塩分はあるが、だしがおいしい。赤ちゃんに渡せば、喜んでいつまでもカミカミ。

●小魚のおやつ

丸ごと食べられる小魚。カルシウムが豊富。ほんのり味がついているので、赤ちゃんもご機嫌にカリカリ食べる。

●するめイカ

若干塩分が強いが、イカの味に赤ちゃんもやみつきに。細く切ったものを与えると、ずっとしゃぶっている。噛む力がつきそうなおやつ。

こんなときどうする？

離乳食 Q&A

Q ごはんは食べたがらないのに、おやつばかり食べるのですが…。

A 欲しがるままにあげないで「NO!」と言うことも大事

おやつが多いからごはんが食べられない、ごはんを食べないからまたぐずっておやつを要求する、おやつをちょっとあげる、ちょっとじゃ嫌だとごねるから「仕方がない、これでおしまい」と言いつつ何度も追加するうちにいっぱいおやつを食べてしまう。するとまたごはんが食べられない。わかってはいるけど、ごねられると負けてしまうのかもしれませんね。ここはきっぱりと「ごはんをちゃんと食べていない人にはおやつはありません」と言って、おやつばかりではいけないことを教えましょう。「おやつはもうないよ」とグズられても落ち着いて要求を退けることも大切です。

おやつをめぐって親子の攻防戦が始まっています。こういった親子間の駆け引きを通して子どもも世の中の駆け引きの一端を学ぶのでしょう。

大人もがんばってくださいね。

Q 市販のお菓子・ジュースが大好きで困っています。

A 大人も食習慣を見直そう

市販のお菓子やジュースには糖分が多く含まれています。100%のジュースも相当量の糖分を添加しています。ジュースばかり与えていると、水や麦茶などを飲まなくなりますから初めから与えない方がよいのです。

同じように、お菓子ばかり食べていると、ごはんの量も減り、赤ちゃんの体に必要な栄養素が充分にとれなくなります。特にスナック類は味が濃く、クセになるので気をつけましょう。というようなタテマエ論はとっくにわかっているから困っているのですよね！

子どもがジュースやお菓子ばかりの間食が習慣になっている場合は、ひょっとして大人がそうしているからではないでしょうか？ 家に大量にお菓子や清涼飲料水を買いおきしていませんか。できれば余計な買いおきはしないのが一番よいのかもしれません。あるから食べてしまうし、なければ食べません。

Q 電車やバスなどの移動中に騒いだら、おやつをあげてもいい？

A まずは、ちゃんと騒いでいる理由を知ろう

騒がれたくなければおやつを持たせるのが手っ取り早いのは確かですが、騒いでいる原因は何でしょう？ 眠いから？ 退屈だから？ それとも甘えたいから？ 電車に乗った途端におなかがすくわけではないのです。混んでいる車内が不快なのかもしれません。赤ちゃんそっちのけでおしゃべりをしていたり、メールに夢中になっているのが面白くないのかもしれません。

おやつを手渡す前に、まずは不満の理由をちゃんと聞いてみてください。ちゃんと理由を知ろうともしないで、ただ黙らせるためにおやつを与えても、食べ終わればまた騒ぐでしょうし、電車に乗ったらおやつを食べるものだと勘違いをさせてもいけませんね。

おやつは三度の食事でまかないきれない栄養を補ったり、生活の中の楽しみのために食べるのであって、うるさい時の奥の手ではありません。おやつを目的外に乱用していると、毎日がハロウィン生活では困りますね。

第８章

大人も赤ちゃんもワクワク

イベントごはん

ひなまつりにこどもの日、
そして待ちに待った１歳の誕生日。
いつもとちょっと違う華やかメニューで、
家族みんなでおいしくお祝い。

ひなまつり

女の子らしい華やかレシピ♥

ちらし寿司 ●●●

約60分（米の下準備・浸水時間は除く）

〈材料〉作りやすい分量

米		3合
こんぶ（7cm角）		1枚
水		540cc弱
A	酢	50cc
A	砂糖	大さじ3
きゅうり（薄切り）		2本
えび		6尾
塩鮭（切り身）		2切れ
卵		1個
サラダ油		適量
白ごま		大さじ2
刻みのり		適宜

〈つくり方〉

1 米はといでざるに5分ほど上げ、分量の水とこんぶを加えて30分ほど浸水させてから炊く。

2 きゅうりは塩少々（分量外）を振り、しばらくおいてから水分をしぼる。

3 えびは尾と殻を外して背わたを楊枝で取る。鍋に酒（小さじ1）を入れた熱湯でゆで、縦半分に切る。

4 鮭はグリルで焼き、皮と骨を取って身をほぐす。卵はよく溶きほぐしてから塩をひとつまみ（分量外）加えてフライパンにサラダ油を熱して薄焼き卵を2〜3枚作る。

5 炊きあがったごはんをすし桶に移し、よく混ぜ合わせた**A**を切るように混ぜこむ（こんぶは取り除く）。

6 **2**のきゅうり、**4**の鮭、白ごまを混ぜこんで器に盛り、細切りにした薄焼き卵、えび、刻みのりを散らす。

カミカミ期 鮭を混ぜこんだごはんを少し取り分け、だしで煮る。

完了期 ごはんを少しつぶして軟らかくする。具材を食べやすい大きさに切る。

大人 しょうがや、みょうがなどの薬味を加えても。

Point!

きゅうりの代わりに菜の花でも。
魚はあじの干物や、うなぎの蒲焼きなどでアレンジするのもおすすめ！

はまぐりのお吸いもの ●●●

約5分

〈材料〉大人❷＋赤ちゃん❶

はまぐり（砂出ししたもの）	8個
だし（こんぶ）	500cc
酒	大さじ1
薄口しょうゆ	小さじ2
塩	小さじ1/2
手まり麩	適量
三つ葉（1cm幅に切る）	適宜

〈つくり方〉

1 鍋にだしとはまぐり、酒を加えて煮立たせる。アクを取る。

2 はまぐりの口が開いたら弱火にし、薄口しょうゆ、塩、手まり麩を加える。

3 器に盛り、三つ葉を添える。

カミカミ期後半＋完了期 薄味のだし汁と手まり麩を。嫌がらなければ刻んだ三つ葉と小さく切ったはまぐりも。

Point!

はまぐりは新鮮なものを。砂出しは充分に。砂出しは1カップに対して小さじ1の塩の割合。冷暗所に3時間ほどおくといい。長く煮ると身が固くなるので注意！

こどもの日

お子様プレート風のご馳走に
赤ちゃんもにっこり!

完了期

筍と豆の炊きこみごはん

●●●●　約45分（米の下準備・浸水時間は除く）

〈材料〉作りやすい分量

- 米 ……………………… 3合
- A
  - だし …………… 600cc
  - 酒 …………… 大さじ1
  - 薄口しょうゆ……大さじ1½
  - 塩 …………… 小さじ½
- 筍 ………………… 150g
- 油揚げ……………………… 1枚
- グリーンピースやそら豆などの豆類（写真は枝豆）……… 100g

〈つくり方〉

1 米はといでざるに5分ほど上げてから、Aに30分ほど浸水させる。

2 筍は水気をきり、食べやすい大きさに切る。油揚げは熱湯を回しかけてから、縦半分に切り、5mm幅に切る。豆類は塩ゆでして、さやから出しておく。

3 炊飯器に、1の米と2の筍、油揚げを入れてひと混ぜしてから、炊く。

4 炊きあがりに2の豆類を加えて、全体を混ぜてから5分ほど蒸らす。

- **おあじみ期 終わり頃** 具材を抜いたごはんをだしで煮ておじや風に。
- **カミカミ期** 具材を取り出し、細かく刻む。ごはんと具材をだしで柔らかくする。
- **完了期** ごはんを少しつぶして軟らかくする。具材を食べられる大きさに刻む。
- **大人** みょうがやしょうがをのせてもおいしい。

アスパラガスととうもろこしのスープ

●●●●　約10分

〈つくり方〉

1 鍋に分量の水と、コンソメ、玉ねぎを入れて煮立たせる。アクを取る。

- **おあじみ期** 別鍋に少し取り分け、玉ねぎをトロトロになるまでさらに煮て、すりつぶす。レンジ加熱でも。

2 アスパラガス、コーンを加えて玉ねぎが透き通るまで煮る。

- **カミカミ期** 玉ねぎ、アスパラガス、コーンを小さく刻み、レンジ加熱で柔らかく。
- **完了期** アスパラガスは赤ちゃんのひと口大にしてレンジ加熱で柔らかく。軽く塩を振る。
- **大人** 塩、こしょうで味を調える。

アスパラガスは下半分をピーラーで皮をむくと小さい子も食べやすくなる。

〈材料〉作りやすい分量

- アスパラガス（根元を切り落として、斜め薄切り）………… 3本
- 玉ねぎ（薄切り）…………¼個
- コーン ……………………80g
- コンソメ …………………… 1個
- 水 ………………… 600cc
- 塩、こしょう ……………… 少々

鯉のぼり豆腐ハンバーグ

●●●●　約25分

〈材料〉4個分

- 鶏ひき肉 ……………… 120g
- 木綿豆腐 ………………⅓丁
- 玉ねぎ（みじん切り）………⅙個
- パン粉（小さじ2の牛乳に浸しておく）………………… 大さじ1
- 卵 …………………… 1個
- 塩、こしょう …………… 少々
- うずらの水煮（横半分に切る）……………………… 2個
- サラダ油 ……………… 適宜
- ケチャップ …………… 適宜

〈つくり方〉

1 豆腐はペーパータオルに包んで耐熱容器にのせて電子レンジで1分加熱する。

- **おあじみ期** 豆腐をだしでのばして食べやすくほぐす。

2 ボウルに鶏ひき肉、1の豆腐、玉ねぎ、パン粉、卵、塩、こしょうをして粘りが出るまでこねる。

- **カミカミ期** 卵とこしょうを入れる前のものを小さく丸めて焼く。

3 4等分にしてラップで包み、長方形に成形する（鯉のぼりの形は、ラップに包むと作りやすい）。

4 フライパンに油を熱して3をのせ、うずらを埋める。弱火で中に火が入るまで両面を焼く。

5 皿に盛る。

- **完了期＋大人** ケチャップで鯉のぼりの模様をつける。

クリスマス

お手軽ローストチキンとシチューでパーティー!

フライパンで和風ローストチキン

約30分（マリネする時間・常温に戻す時間は除く）

〈材料〉大人❷＋赤ちゃん❶

	鶏もも肉（骨付き）	2本
A	しょうゆ	50cc
A	酒	50cc
A	みりん	50cc
A	にんにく	1片
A	玉ねぎ（薄切り）	中1/2個
B	しょうゆ	大さじ2
B	砂糖	大さじ1
B	バター	10g
	小麦粉	適宜
	じゃがいも	中2個
	ラディッシュ	4〜5個
	オリーブ油	大さじ1強〜2

〈つくりかた〉

1 ビニール袋に鶏肉とAを入れて平らにして、冷蔵庫で半日から一晩つけこんでおく。（中まで火が通り、柔らかく焼ける。）

2 焼く30〜40分くらい前に冷蔵庫から1のマリネしたものを袋ごと出し、常温に戻しておく。

3 つけ合わせのじゃがいもはよく洗ってから皮ごと4等分に切り、耐熱容器に入れてラップをかけ、レンジで3〜4分加熱する。
- **おあじみ期** 加熱したじゃがいもは皮を取り除き、だしを加えてすりつぶす。
- **カミカミ期前半** 加熱したじゃがいもは皮を取り除き、だしを加えて粗くつぶす。
- **カミカミ期終わり頃** じゃがいもは皮を取り除き、ひと口大に。鶏肉の皮と骨は除き、身を小さくほぐす。

4 フライパンにオリーブ油を熱して、2のじゃがいもの表面を色よく焼き、取り出す。

5 2の鶏肉を取り出し、全体に小麦粉をまぶし、余分な粉ははたく（マリネ液・野菜は捨てない）。4のフライパンにオリーブ油を足して中火で熱し、鶏肉の皮目から5分ほど焼き、ひっくり返して、弱火で10〜12分ほど焼く（アルミホイルかフタをかぶせるとよい）。
- **完了期** 4のじゃがいもと5の鶏肉の皮と骨は除き、身を粗くほぐして6のソースを少しかけて。

6 5の肉は焼けたら、取り出す。同じフライパンに5のマリネ液を野菜ごと加えてひと煮立ちさせてから、こして、煮汁をフライパンに戻す。Bを加えてとろみがつくまで煮詰めて、ソースを作る。

7 皿にラディッシュ、4のじゃがいも、5の鶏肉を盛る。
- **大人** 6のソースをたっぷりとかけて。

ホワイトシチュー

約25分

〈材料〉鍋20cm

生鮭※（切り身）（ひと口大に切る）	2切れ
玉ねぎ（1cm幅のくし形に切る）	中1/2個
かぶ（くし形に切る）	中2個
人参（乱切り）	中1/2個
じゃがいも（ひと口大に切り、水にさらす）	大1個
サラダ油	小さじ2
バター	20g
小麦粉	大さじ3
牛乳	500cc
水	300cc
コンソメ	1個
塩、こしょう	少々

※生鮭の代わりにえびやほたてでも。

〈つくりかた〉

1 鍋にサラダ油を中火で熱し、鮭の表面を焼き、一度取り出す。

2 1の鍋にバターを加えて中火で熱し、野菜を加えて炒める。玉ねぎが透き通ってきたら弱火にする。小麦粉を茶こしなどでふるい入れながら、全体に粉っぽさがなくなるまで炒める。
- **おあじみ期** 人参とじゃがいもを別鍋でだしと一緒に煮て、すりつぶす。

3 牛乳を少しずつ入れ、全体がなじんだら、水とコンソメを加えてフタを少しずらして弱火で15分ほど煮る。

4 1の鮭を加えて、3分ほど煮る。塩、こしょうで味を調える。
- **カミカミ期** 具材を細かく刻み、だしでのばす。
- **完了期** 薄味で取り分け、具材を食べやすい大きさに切る。
- **大人** お好みでパセリを散らす。

Point!

水を100cc減らして、生クリームを加えるとさらにコクが出る。ルーを使うとお手軽。

お正月
お正月気分を盛り上げてくれる豪華レシピ!

紅白なます ●● 約10分

<つくりかた>

1 大根、人参は塩をまぶして、しばらくしてから、水気をしっかりときる。

2 Aをよく混ぜ合わせたものと1をボウルにいれて和える。

完了期 味つけ前に取り分けて、調味料は少なめに。

大人 白ごまをふりかける。

<材料> 大人③〜④＋赤ちゃん❶

大根(せん切り)		中8cm
人参(せん切り)		中½本
塩		小さじ¼
A	酢	大さじ2
	砂糖	大さじ1
白ごま		適宜

筑前煮

約30分

〈つくり方〉

1 れんこん、ごぼうは酢水に10分浸し、炒める直前に水気をきる。

2 干し椎茸は水に戻して石づきを取り、半分に切る。こんにゃくは水からゆでアクを取り、ざるに上げる。

3 大きめの鍋に油を中火で熱して、鶏肉を炒める。色が白っぽくなってきたら、絹さや以外の野菜とこんにゃくを加えて炒め、全体に油がなじんだら、Aを入れて強火でひと煮立ちさせる。

- **おあじみ期** 別鍋で人参をゆで、だしですりつぶす。
- **カミカミ期前半** 鶏肉以外を小さく刻む。

4 Bの調味料を加えて、野菜が柔らかくなるまで弱火でアクを取りながら煮る（落としぶたをすると味が入りやすい）。煮汁が少なくなってきたら、Cを入れてひと煮立ちさせる。器に盛り、絹さやを飾る。

- **カミカミ期終わり頃＋完了期** 食べやすい大きさに刻み、だしで味を調える。
- **大人** そのままいただく。

〈材料〉作りやすい分量

鶏もも肉（ひと口大に切る）		150g
干し椎茸		中3〜4枚
れんこん（皮をむいて乱切り）		90g
ごぼう（1cm幅の斜め切り）		½本
人参（乱切り）		中½
筍（乱切り）		100g
こんにゃく（ひと口大に切る）		½枚
A	だし	500cc
	椎茸の戻し汁	100cc
B	酒	大さじ2
	しょうゆ	大さじ1½
	砂糖	大さじ1½
C	しょうゆ	大さじ1
	みりん	大さじ2
サラダ油		大さじ1
絹さや（へたと筋を取り塩ゆでする）		6枚

甘さ控えめ栗きんとん

約25分（水にさらす時間は除く）

〈材料〉作りやすい分量

さつまいも※（皮をむいて、輪切り）		250g
A	甘露煮シロップ	50cc
	砂糖	35g
みりん		大さじ1
栗の甘露煮		5〜6粒

※皮の近くに繊維が多いので、さつまいもは厚めに皮をむく。

〈つくり方〉

1 さつまいもは、水に20分ほどさらし、アクを抜く。

2 鍋にさつまいもとかぶるくらいの水（分量外）を入れて柔らかくなるまでゆでる。

3 火を止めて2をざるに上げて水気をきって鍋に戻し、熱いうちに手早くフォークの背などでつぶす。

- **おあじみ期** だしを加えてすり鉢でのばす。
- **カミカミ期** だしを加えて軽くつぶす。

4 Aを加えて弱火にかけ、つやが出るまで木べらで混ぜ合わせる。

- **完了期** さつまいもにAを少し加えたものを取り分ける。栗を小さく刻んだものをのせても。

5 少し固まってきたら、みりんと栗の甘露煮を加えてひと混ぜする。

- **大人** 器に盛る。

お雑煮

約20分

〈つくり方〉

1 ささみは片栗粉をまぶして、余分な粉ははたく。

2 鍋にだしと酒を入れて中火にかけ、沸騰直前に1としめじを加えてひと煮立ちさせる。弱火にし、薄口しょうゆ、塩で味を調え、かまぼこを加えて2〜3分煮る。椀に小松菜を入れる。

- **カミカミ期** だしでのばし、おかゆにかける。小松菜、しめじは刻み、ささみは粗くほぐす。
- **完了期** だしでのばし、短く切ったうどんや軟飯を入れて少し煮こむ。具材は食やすい大きさに切って。
- **大人** 椀にもちを入れて2を注ぎ、ゆずの皮をのせる。

〈材料〉大人4＋赤ちゃん1

鶏ささみ肉（1.5cm幅のそぎ切り）	2本
片栗粉	適宜
しめじ（石づきを取って小房に分ける）	½パック（50g）
だし	800cc
酒	大さじ1
薄口しょうゆ	大さじ1
塩	少々
かまぼこ（薄くスライス）	4cm
小松菜（塩ゆでして3cm幅に切る）	2株
もち（焼く）	4個
ゆずの皮（細切り）	適宜

お誕生日

ヘルシーなケーキとドリアで
大切な日をお祝い！

スポンジケーキ ヨーグルトクリーム

約40分

〈材料〉 直径15cm型 1台分

- 卵白（M）………… 2個（常温）
- 卵黄（M）………… 2個（常温）
- グラニュー糖 …………… 50g
- 薄力粉………………………60g
- 無塩バター ……………… 15g
- バニラエッセンス ………… 少々
- A
  - 水 ………… 大さじ1強
  - グラニュー糖 大さじ1強
- プレーンヨーグルト ……… 60g
- 生クリーム ……100〜120cc
- グラニュー糖 ……… 小さじ2
- バナナ ……………………½本
- ブルーベリー、ラズベリー 適量
- （オーブンシート）

〈つくり方〉

1. 型の内側にバター（分量外）を塗り小麦粉（分量外）をまぶして余分な粉を落としておく。型の底には、丸く切ったオーブンシートを敷く。ヨーグルトはペーパータオルでこし、水気をきる。
2. 薄力粉はふるっておく。バターは耐熱容器に入れて電子レンジで30秒ほど温めて溶かす。
3. ボウルに卵白をほぐし、グラニュー糖を2〜3回に分けて加えながら、生地が白っぽくふんわりとするまでしっかりと混ぜ合わせる。文字が書けるくらいが目安。
4. 3に卵黄を加えてさらに3分ほど混ぜ合わせる（手動の場合は手早く5〜6分）。

ハンドミキサーがあると便利！

5. 4に、2の溶かしバター、バニラエッセンスを加えて、粉を3回に分けてゴムべらでさっくりと混ぜ合わせる。
6. 1の型に流し込み、170度に予熱したオーブンで25分焼く。
7. Aを温めてシロップを作る。ボウルに生クリームとグラニュー糖を入れてしっかり泡立て（ツノが立つくらい）、1のヨーグルトと混ぜ合わせる。
8. 6の焼き上がりの生地を型から外し、粗熱が取れたら横に半分に切り、7のシロップをはけで全体に塗る。生地が落ち着いたら、切った表面にクリームを塗り、1cm幅に切ったバナナを平らに並べてスポンジを重ね、ヨーグルトクリームを塗り、ベリーを飾る。

ささみのドリア

約20分

〈つくり方〉

1. ささみ、アスパラガス、かぼちゃと酒を耐熱容器に入れてラップをかけ、電子レンジで3〜3分半加熱して温かいごはん、粉チーズを混ぜ込む。
   カミカミ期 だしを加えごはんをつぶす。アスパラガスとかぼちゃは小さく刻む。
2. 1にホワイトソース、パン粉をかけ、トースターで15分ほど焼く（オーブンの場合は210度）。
   完了期 具材を細かく切る。あらかじめ小さく切ったものを焼いても。

〈材料〉 2個分

- 鶏ささみ肉（1cmに切る）… 1本
- アスパラガス（小口切り）… 2本
- かぼちゃ（さいの目に切る）
  …………… 約4cm幅（60g）
- 酒 ………………… 小さじ1
- ごはん ………………… 100g
- 粉チーズ …………… 小さじ2
- ホワイトソース …………… 60g
- パン粉 ………………… 適宜

トマトのムース

約15分

〈材料〉 70ccのカップ 4〜5個分

- トマトジュース（無塩）… 200cc
- 生クリーム ………… 100cc
- 砂糖 ……………………… 10g
- 粉ゼラチン※（表示に従い、水で戻す）…………………… 5g
- レモン汁 …………… 大さじ½

※粉寒天の場合も5g。

〈つくり方〉

生クリームの代わりに豆乳ホイップでも。

1. 生クリームに砂糖を加えて六分立てにする（すくい上げて線が消えるくらい）。
2. 鍋にトマトジュースを入れて火にかけ、沸騰直前まで温めて火から外し、粉ゼラチンを加えて溶かす。
3. 2を氷水にあてて冷まし、レモン汁を加える。混ぜながら、少しとろみがついてきたら、ボウルに移し、1の生クリームを2〜3回に分けて加え、混ぜ合わせる。
4. グラスに入れて冷蔵庫で1時間以上冷やし固める。
   大人 おいしい塩とオリーブ油をかけると、おいしさアップ！

野菜のバーニャカウダ ●●●

約25分

アンチョビーのソースで野菜が進む!

〈材料〉 大人③〜④+赤ちゃん②〜③

にんにく		4片
牛乳		200cc
アンチョビー(フィレ)		6〜7枚
エクストラバージンオリーブ油		150〜180cc
じゃがいも(食べやすい大きさに切る)		中2個
かぼちゃ(食べやすい大きさに切る)		1/6個
人参(食べやすい大きさに切る)		中1本
ブロッコリー(小房に分ける)		1/2株
ラディッシュ※		5〜6個
セロリ※(スティック状に切る)		2本
パプリカ※ 赤・黄(スティック状に切る)		各1/2
バゲット(食べやすい大きさに切る)		1/3本
A	マヨネーズ	大さじ3
A	ヨーグルト	大さじ3

※赤ちゃんが食べるときは加熱した方が食べやすい。

〈つくり方〉

1 アンチョビーソースを作る。にんにくは皮をむいて縦半分に切り、芯を除いて小さめの鍋に入れ、牛乳を加えて強火にかけ、沸騰したら弱火にして柔らかくなるまでゆでて取り出しつぶす。アンチョビーは細かく刻む。

2 小さめの鍋にオリーブ油、1のにんにく、アンチョビーを加えて混ぜながら中火でフツフツさせアンチョビーソースを完成させる。

3 Aを混ぜ合わせてヨーグルトソースを作る。

4 じゃがいも、かぼちゃ、人参、ブロッコリーは蒸し器で蒸す。もしくはレンジ加熱して、大皿に盛る。

- おあじみ期：野菜の柔らかい部分にだしを加えながらすり鉢でつぶす。
- カミカミ期：野菜を食べやすい大きさ、固さに粗くつぶす。食べにくいようならだしを加え加熱する。バゲットを加えても。

5 ソースを器に入れる。バゲットと生野菜も皿に盛る。

- 完了期：野菜やバゲットを小さくしたものに、ヨーグルトソースをつけて。
- 大人：野菜やバゲットをアンチョビーソースをつけながらいただく。

Point!

温野菜、生野菜、何でも合う。アンチョビーソースはビンに入れて冷蔵庫で約3週間もつ。残ったソースは、バゲットや食パンに薄く塗ってトースターで焼くと、ガーリックアンチョビートーストになる。

ホームパーティーや
お客さまが来るとき

ピザトースト ●● 約20分

本物のピザのようなカリカリの食感

〈材料〉 大人❷＋赤ちゃん❶

食パン（8枚切り）		4枚
A	ケチャップ	大さじ1
	マヨネーズ	大さじ2
ピザ用チーズ		100g
B	ベーコン（1.5cm幅に切る）	2枚
	ブラックオリーブ（種無し）（輪切り）	適宜
	玉ねぎ（薄切り）	1/8個
	バジル（葉）	3〜4枚
	粗びきこしょう	少々
C	ツナ水煮（缶）（水気をきる）	1/2缶（40g）
	コーン缶（水気をきる）	適宜

〈つくりかた〉

1 食パンにAを混ぜたものを4等分して塗り、チーズをのせる。

2 1の食パン各2枚ずつにそれぞれの具をのせる（写真は大人B、子どもC）。トースターで10〜12分色よく焼き、食べやすく切る。

完了期　子ども用のものを食べやすい大きさに切って。

大人　手でちぎったバジル、粗びきこしょうを。お好みでタバスコをかけて。

Point!

大人も子どもも一緒に好きな具材をのせて楽しんで。ベーコンの代わりにハムやソーセージでも。

生春巻き ●●●　約25分

好みの野菜をくるくる巻いて生野菜をたくさん食べよう!

＜材料＞ 大人❸＋赤ちゃん❸

ライスペーパー …… 9枚
えび …… 9尾
鶏ささみ肉 …… 1〜2本
スライスチーズ（半分に切る） …… 3枚
きゅうり（半分に切ってから8等分に切る） …… 1本
アボカド（1cm幅に切り、レモン汁（分量外）をかけておく） …… 1個
黄色パプリカ（細切り） …… ½個
リーフレタス（食べやすい大きさにちぎる） …… 適宜
スイートチリソース …… 適宜
レモン …… 適宜
市販の和風ドレッシング …… 適宜

＜つくりかた＞

1 えびは尾と殻を外して背わたを楊枝で取る。鍋に湯を沸かし、塩（分量外）を少々入れ、えびとささみをゆでる。えびは縦半分に切り、ささみは裂く。

2 赤ちゃん用のライスペーパー（3枚）はキッチンばさみで半分に切る。大きめのボウルに熱めの湯をはり、ライスペーパーをくぐらせる。大人用のはそのままの大きさで。

3 2をまな板の上などに広げてのせ、1と好みの野菜を巻き、半分に切る。写真は子ども（チーズ、きゅうり、ささみ）、大人（えび、アボカド、パプリカ、リーフレタス）。

カミカミ期　具材を食べられる大きさに切って。

4 お好みのソースにつけていただく。

完了期　ごまやしょうゆベースの和風ドレッシングをつけても。

大人　スイートチリソースにレモンをしぼったものをつけて。

Point!

えびの代わりに生ハムやサーモン、ゆでた豚肉でも。
ライスペーパーを戻すときはぬるい湯だと戻りにくいから熱めで。

こんなときどうする？

離乳食 Q&A

Q 赤ちゃんの飲み物は何がおすすめですか？

A お水が一番！

離乳食前の赤ちゃんは、乳汁からかなり水分をとっているので、もともと水分をあまり欲しがらないのですが、もし水分補給をするならまずは『お水』が一番です。麦茶などを与えてもよいのですが、必要ではありません。硬度の高いミネラルウォーターは下痢をすることがあるので気をつけます。

また、赤ちゃんには発熱や嘔吐、下痢の時以外はジュースやイオン水は与えない方が無難です。離乳食の初期に甘いものを与えると肝心のおかゆを食べたがらなくなることがあります。

主食となるお米、野菜、魚や肉などをよく食べて、なお余力があれば、すりおろしたりんごやみかんの果汁などを飲み物としてたまには与えてもかまいません。ごはんは嫌うけどバナナミルクならいくらでも欲しがるとか、ちょっと汗をかいてお水を飲ませると吐き出すのに、イオン水を見つけたら最後、なくなるまでグビグビ飲むなんていうのはダメです。

緑茶、ほうじ茶、ウーロン茶、紅茶などカフェインを含む飲み物は、薄めたものを少量なら与えても問題はありませんが、基本的には与えない方がいいでしょう。やはり『お水』が一番おすすめです。

Q 食べるのが遅く、食事に時間がかかります。

A 遊びだしたら「ごちそうさま」をさせて

食べるのが遅いのは、早食いの丸呑みタイプより、よほどよいんじゃないでしょうか。時間がかかっていても一生懸命に食べているならせかさずに食べさせてください。

でも、途中で食べ飽きて遊びながら食べていたり、気が散っているなら、「もうごちそうさまにしようね」と言って終わりにさせます。一旦退場したくせに、ひと遊びしてノコノコ食べに戻ってきても、一度ごちそうさまにしたのなら与えない方がよいです。食べるときにちゃんと食べる習慣づけは大切です。

また、食が細くて食べたがらない子に、ひと口でも食べさせたい一心から、遊んでいるドサクサにまぎれて食べ物を口に入れてやるのもやめたほうがよいです。食べたいと思って食べるごはんはおいしいけれど、食べさせられるごはんはまずいものです。

赤ちゃんといえども、これから生きていくために大切なごはんです。食べることのしつけは、一生の宝になります。

Q 食事の時にちゃんと食べないで寝る前におなかがすいたと言う。

A 家族がしっかり生活のリズムを守って、あとは様子を見る

離乳前の赤ちゃんはおっぱいやミルクを夜食にしていいんですよ。食事をしっかり食べたがるようになるまで、少し辛抱強くおっぱいやミルクで様子を見守り、食に対する欲が本格的に芽生えてくるのを待ってみる方がいいでしょう。

シッカリ食べさせてガッツリ寝てもらおうなどと企んでムキになると逆効果かもしれません。

上に兄弟のいる子は、食事の支度が始まると一番に食卓にやってきて「くれ、くれ!!」とせがんだりします。家族がある程度生活のリズムができていると、赤ちゃんは放っておいても食べにくるんですね。

離乳食作りの力は抜いて、大人ごはんに力を注いでください。成長とともに赤ちゃんもちゃんと食事をするようになりますよ。

第9章

離乳食の豆知識で不安解消!

離乳食のギモンなど

赤ちゃんの歯のことやアレルギーのこと。
離乳食期は知りたいことでいっぱい。
知っておくと便利な情報や雑学も。

赤ちゃんの歯と離乳食

歯の生えるスピードはそれぞれ。
前歯や奥歯が生えてきたら食べられるものも増えてくる

歯の生え方は人それぞれ

赤ちゃんに歯が生え始める5、6ヶ月ごろになると、赤ちゃんはいよいよ食べることに興味を示し始めます。大人の食事をじっと見つめたり、口をモグモグさせるようになります。

しかし、歯の生え始めは個人差が大きく、3ヶ月ごろから生え始める子もいれば、1歳近くまでは1本も生えない子もいますから、離乳食のスタートと歯の生え始めをあまり強く結びつけて考える必要はありません。

とはいえ、やはり歯の有る無しで食べられるもの・食べ方が違ってきます。

まずは、多くの赤ちゃんは下の前歯が最初に生えてきますが、このころはまだ前歯の噛み合わせができませんから、スプーンでドロドロのおかゆや野菜を食べます（イラスト❶）。

続いて上の前歯が生えると、ようやく噛み合わせができるので、固いパンの耳やりんごなどを持たせるとちょっとずつカジカジするようになるでしょう（イラスト❷）。

前歯が上下4本ずつ生え始めるころになると、モグモグ噛むようなしぐさを見せるようになります。そのころから、柔らかく煮た人参をスティックにして持たせてみたり、粗くつぶした野菜を食べさせてみます。じゃがいもなど5〜7ミリ角くらいのかたまりで与えて、大人も一緒によく噛んで食べて見せます（イラスト❸）。

完了期の赤ちゃんなら柔らかく煮た大根やかぶを1センチ角くらいに刻んで手づかみで食べさせてみてもよいですね。

完了期中盤（1歳2〜3ヶ月）には小さなおにぎりが食べられるようになることでしょう（イラスト❹）。

ただ、完了期に入っても、奥歯が生えそろってくるまでは固めの人参、筍やごぼう、れんこんなど、噛み応えのあるものはかなり小さく刻まないと、食べたとしても丸呑みになってしまいます。

早くから固いものを与えて丸呑みグセをつけてしまわないように、柔らかめにして、よく噛む習慣をじっくり育ててください。

赤ちゃんは歯が生えそろえば、よく噛んで食べるようになるわけではなく、くどいようですが、大人がよく噛んで食べて見せなければ赤ちゃんは噛んで食べるようにはなりません。

大人と赤ちゃん一緒に、同じごはんを仲良く分け合って、よく噛んで食べてくださいね！

❶

❷

❸

❹

赤ちゃんと虫歯

歯が1本でも生えたら歯磨きを始めよう！

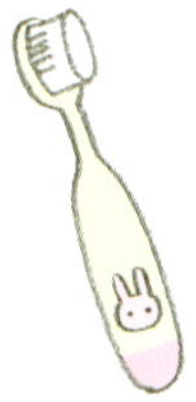

歯の健康管理は赤ちゃんから

生えたばかりの赤ちゃんの歯は、歯の表面を覆うエナメル質がとても柔らかいので、一旦虫歯になると大人よりずっと進行が早く、数ヶ月で神経に達するような虫歯になることもあります。

虫歯予防の基本は、砂糖などの甘いものを極力控えることと、歯が1本生えてきたら歯磨きを。基本は大人も赤ちゃんも一緒ですね。

歯のケアをしっかりすると安心

甘いものを控えたり歯を磨いていても、もともと歯が弱い赤ちゃんもいますので、歯の生え始めと同時に小児歯科の先生や歯科衛生士さんと一緒に歯の健康管理を始めると安心です。

さらに、大人の口から赤ちゃんに虫歯菌（ミュータンス菌）がうつる心配があるので、食べ物の口移しは避けた方がよいといわれています。

【歯磨きの方法】

最初は形だけでも構いません。赤ちゃんを大人の膝の上に仰向けに寝かせて、乳児用の歯ブラシでちょんちょんとなでる程度から始めます。嫌がるようなら、唇や歯を指でさわることから始めて、口の中に歯ブラシを入れることに徐々に慣れてもらうとよいかもしれません。

歯磨きに限らず、赤ちゃんはなんでも見学が大好きです。大人の歯磨きをよく見せてから赤ちゃんの歯磨きをするとうまくいきます。

離乳食の後や、大人が歯を磨くときは赤ちゃんの歯も磨いてあげましょう。赤ちゃんの歯を磨く時は、真珠の粒を磨くつもりでていねいに、やさしくお願いします。

赤ちゃんの虫歯と夜の授乳

よく夜中の授乳が虫歯の原因になると言われますが、おっぱいやミルクが虫歯を作るわけではありません。甘いものと虫歯菌によって虫歯になり始めているところに、寝かしつけにダラダラと添い寝でおっぱいを飲ませたり、哺乳瓶のミルクをおしゃぶりのようにチクチク飲み続けると、虫歯が急速に進むことがあります。

また、寝ながら飲む添い乳はラクチンに思えますが、実は赤ちゃんはおっぱいに吸い付いてお口がいつまでも残業をしているので、かえって寝つきが悪くなる原因になっていることも。第一、ふとんの中で「寝ながらごはん」は、お行儀が悪いですね。「寝るなら喰うな、喰うなら寝るな」と、赤ちゃんに教えるのも大切です。

もちろん寝る前や夜中に起きたときに授乳をするのは構わないのですが、ちゃんと体を起こして授乳をし、さっさと飲んで口を離して「ごちそうさま」をしてから寝る習慣をつけましょう。

注）赤ちゃんの場合は、向かい合って座らせ歯を磨く。幼児になったら、大人の膝の上に子どもの頭をのせて磨く。

赤ちゃんの食物アレルギー

アレルギー体質の赤ちゃんは、離乳食を慎重に進めよう

アレルギーはみんな持っている

アレルギーというと、不幸な特異体質、というイメージを持ちやすいですが、実はアレルギー反応は誰にでも起こりうるものです。

同じ食べ物、同じ部屋の空気でも人によって全く平気だったり、耐え難い刺激ととらえて免疫反応を起こす人に分かれるのですが、その境界線が人によって高低差があるというだけなのです。「アレルギーはない」と思っている方も、ただその境界線が高い位置にあるというだけで、今まで平気なものでも度を越したり、体調によってはアレルギーを起こし得るのです。

赤ちゃんは大人に比べて未熟なために、不慣れな刺激や過剰な負担が加わるとアレルギー反応を引き起こす可能性があります。言い換えると、「未熟で敏感な赤ちゃんにとって、離乳の開始が早すぎたり急いで離乳させると負担になる」ということです。

アレルギー体質の赤ちゃんはゆっくり離乳食を進めよう

離乳を開始する時点で既にアレルギー症状（アトピー性皮膚炎やアレルギー性鼻炎、喘息など）がある赤ちゃんは、離乳開始も進め方も通常（5～6ヶ月頃）よりはゆっくり（7～8ヶ月以降）、慎重に主治医の指示を受けながら進めます。あるいは、離乳食を始めて、赤ちゃんの様子が変わり心配なとき（皮膚が赤くなったり、ぶつぶつやただれができてかゆがる、吐き戻したり下痢をするなど）も診察を受けて相談しましょう。

また、赤ちゃん自身には特に症状がなくても、お父さん、お母さん、きょうだいに強いアレルギー体質の方がいる場合は、やはり慎重に離乳を進めます。

自己判断しないでかかりつけ医に相談

お米や小麦、野菜でもアレルギーは起こりうるのですが、特にタンパク質（卵、牛乳、大豆、肉、魚）の進め方については要注意です。ただ、アレルギー症状を起こす原因は、食べ物だけとは限らないので自己判断で、無意味な食事制限をしたり、必要以上に離乳を遅らせることのないように、かかりつけ医の診察を受け、指示を受けながら離乳を進めましょう。

食物アレルギーがあっても大丈夫

赤ちゃん時代は食物アレルギーで食べられないものがあっても、成長とともに未熟な消化機能が発達し、少しずつ食べられるようになることも多いです。アレルギーを引き起こす食物を食べても症状が軽い場合は、その食材を完全除去するのではなく、緩めの除去食で様子を見たり、塗り薬や内服薬で症状を緩和するだけで食事に制限をしないこともあります。

アレルギーを起こしやすい3大アレルゲン

3大アレルゲン

卵、牛乳、大豆は3大アレルゲンと呼ばれ、アレルギーを起こしやすい食べ物の代表です。これを食べたから必ずアレルギーを引き起こすということではありませんから、過度に心配をする必要はありません。

初めての食べ物を与えるときは赤ちゃんの様子に気を配ってください。また、調理の際はよく加熱することも大切です。

●卵

魚や肉に慣れてきたら、初めは固ゆで卵の黄身を少量から。問題がなさそうなら白身も合わせて少しずつ与えますが1歳前は控えめに。鶏肉を食べて症状が出る赤ちゃんの場合は、卵は当分先に見送ります。

●牛乳

0歳の間はおっぱいやミルクがあるので牛乳は控えます。お誕生がすぎたら、料理に入っている程度の牛乳で様子を見ます。離乳が完了に近づいて、家族が飲んでいる牛乳を欲しがるようなら初めはよく加熱して冷ましたものを少しずつ与えます。牛乳で何か症状が出た場合は、当分飲めません。

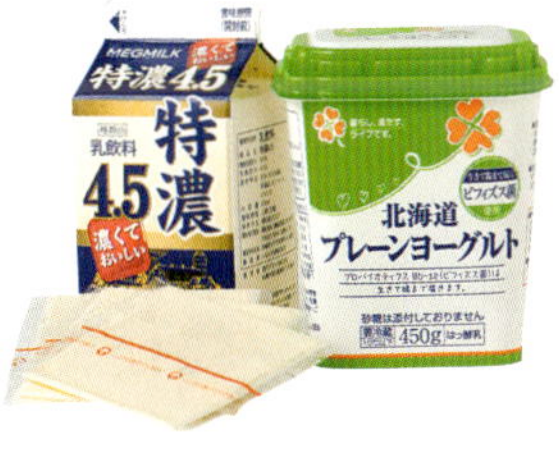

チーズやヨーグルトなど、乳製品は口当たりがよくおいしいものがいっぱいで、つい食べすぎてしまいます。他の食品が食べられないほど乳製品依存にならないよう気をつけてください。

●大豆

大豆製品はまずは加熱した絹豆腐から。続いて少量のみそ、しょうゆ、それから木綿豆腐と進めます。大豆の中でも、納豆、きな粉、豆乳、枝豆は症状が強く出やすいので、いきなりたくさん食べさせずに少量から様子を見ます。大豆に反応する赤ちゃんはその他にも、ナッツや煮豆でも症状が出ることがあります。

Point!

- □アレルギー体質の赤ちゃんの離乳食のスタートはかかりつけ医と相談しながら慎重に
- □食物アレルギーは個々に様々な症状が出る
- □アレルギーが疑われる場合は、自己判断しないでかかりつけ医に相談
- □食物の除去は主治医と相談してから
- □食物アレルギーの症状は成長とともに改善することが多い

栄養素別、離乳食を進める順番

野菜

おもゆ→野菜→炭水化物（おかゆ、その他）→タンパク質と食の体験を重ねていく赤ちゃん。できたら、赤ちゃんに負担の少ない順番に進めたいですね。基本は、消化のいいものから少しずつ。迷ったら、この表を参考にしてください。

8ヶ月　7ヶ月　おかゆ期　5ヶ月

5倍がゆ	10倍がゆ	おもゆ
野菜と煮汁をよくすりつぶしてドロドロにする	甘みのある野菜を煮た煮汁のみ (例)みそを入れる前のみそ汁の汁のみ、など	

甘みがあり柔らかくなる野菜のスープ

大根、かぶ、じゃがいも、さつまいも、かぼちゃ、煮トマト、キャベツ、白菜、ねぎ、小松菜、人参

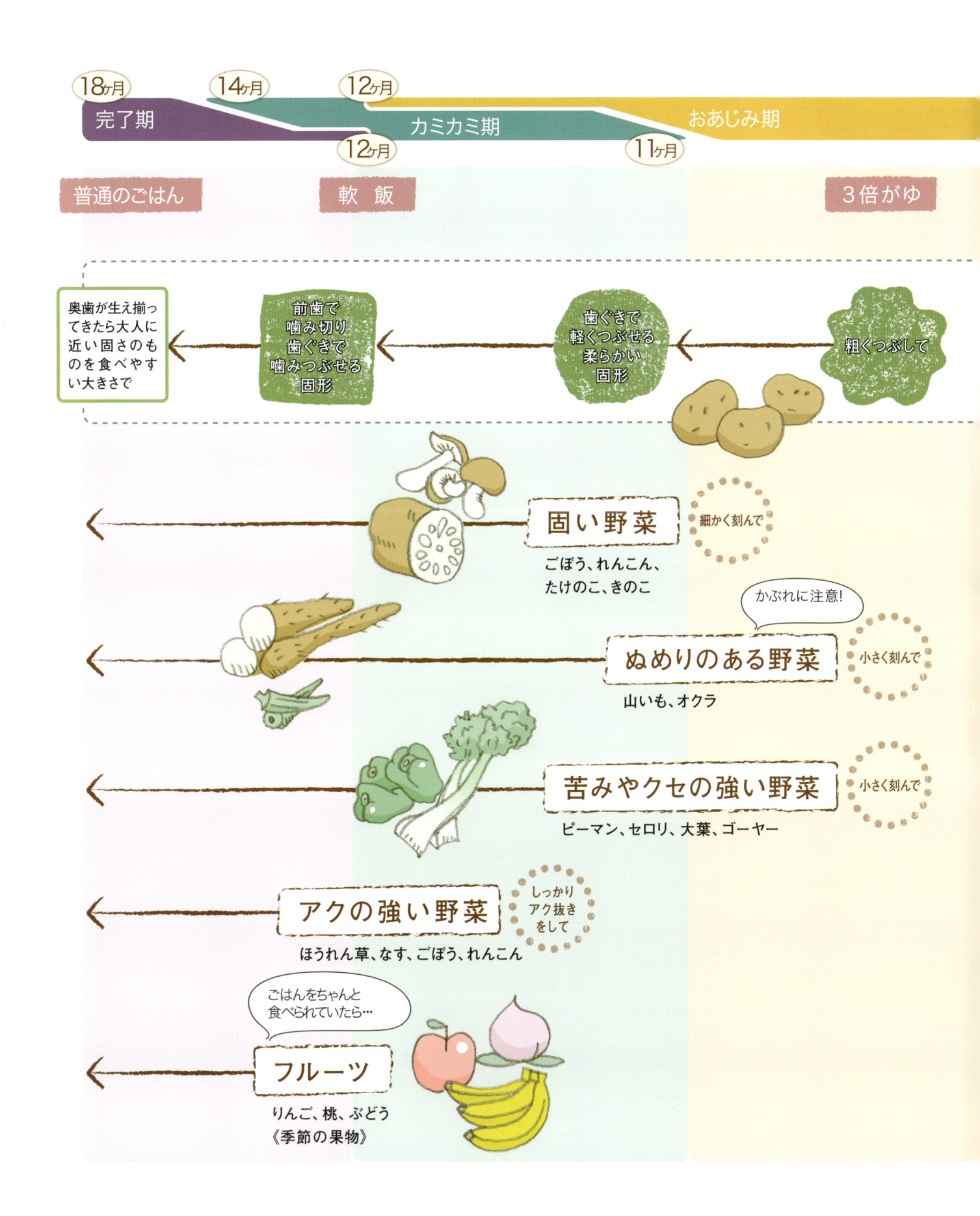

おあじみ期（11ケ月・12ケ月） カミカミ期（12ケ月・14ケ月） 完了期（18ケ月）

3倍がゆ　軟　飯　普通のごはん

粗くつぶして → 歯ぐきで軽くつぶせる柔らかい固形 → 前歯で噛み切り歯ぐきで噛みつぶせる固形 → 奥歯が生え揃ってきたら大人に近い固さのものを食べやすい大きさで

細かく刻んで

固い野菜

ごぼう、れんこん、たけのこ、きのこ

かぶれに注意!

小さく刻んで

ぬめりのある野菜

山いも、オクラ

小さく刻んで

苦みやクセの強い野菜

ピーマン、セロリ、大葉、ゴーヤー

しっかりアク抜きをして

アクの強い野菜

ほうれん草、なす、ごぼう、れんこん

ごはんをちゃんと食べられていたら…

フルーツ

りんご、桃、ぶどう
《季節の果物》

炭水化物

5ヶ月　おかゆ期　7ヶ月

8ヶ月　おあじみ期　11ヶ月

おもゆ → 10倍がゆ → 5倍がゆ

おじや

パンがゆ

くたくたのパスタ

くたくたの煮こみうどん

5~6ヶ月　6~7ヶ月

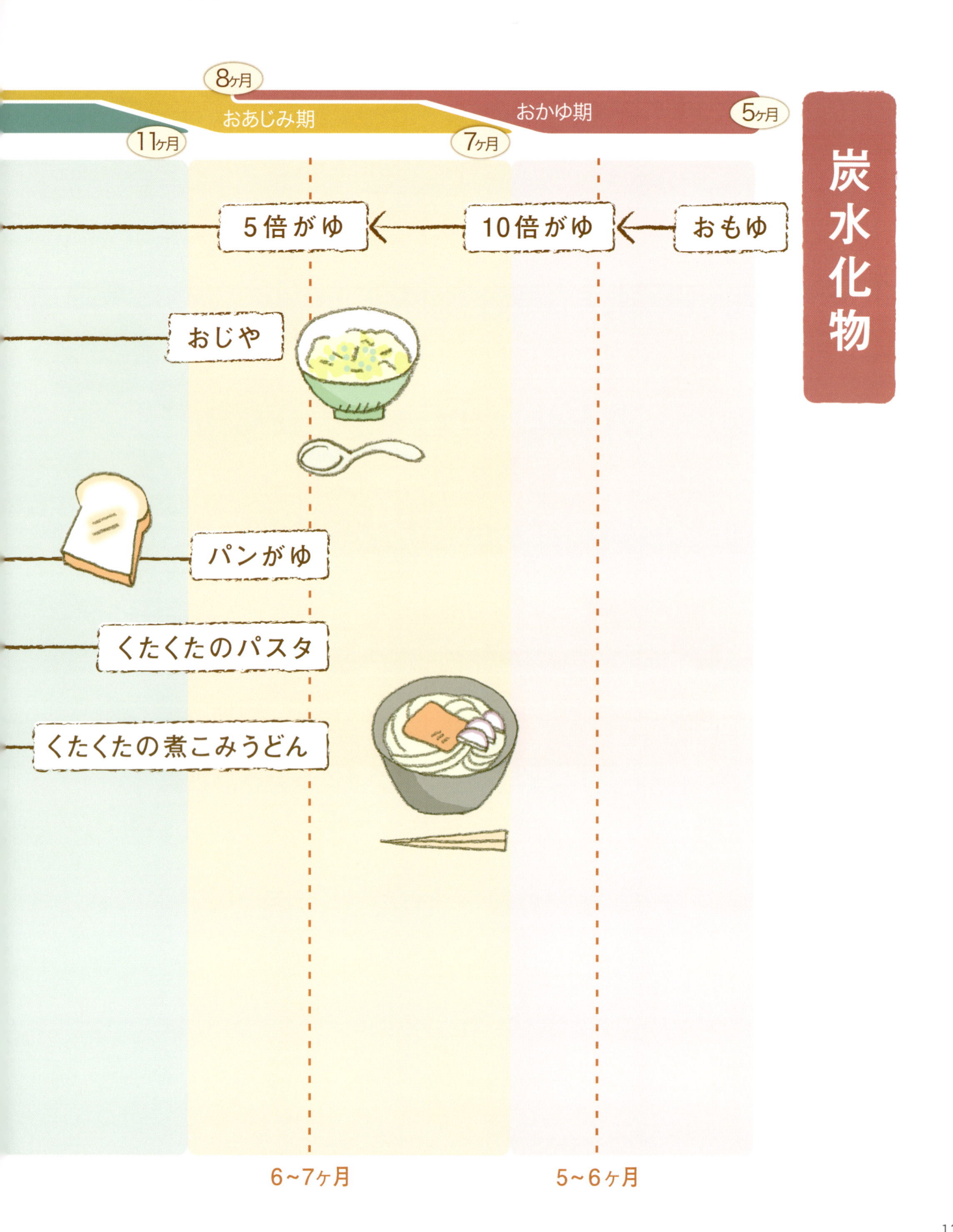

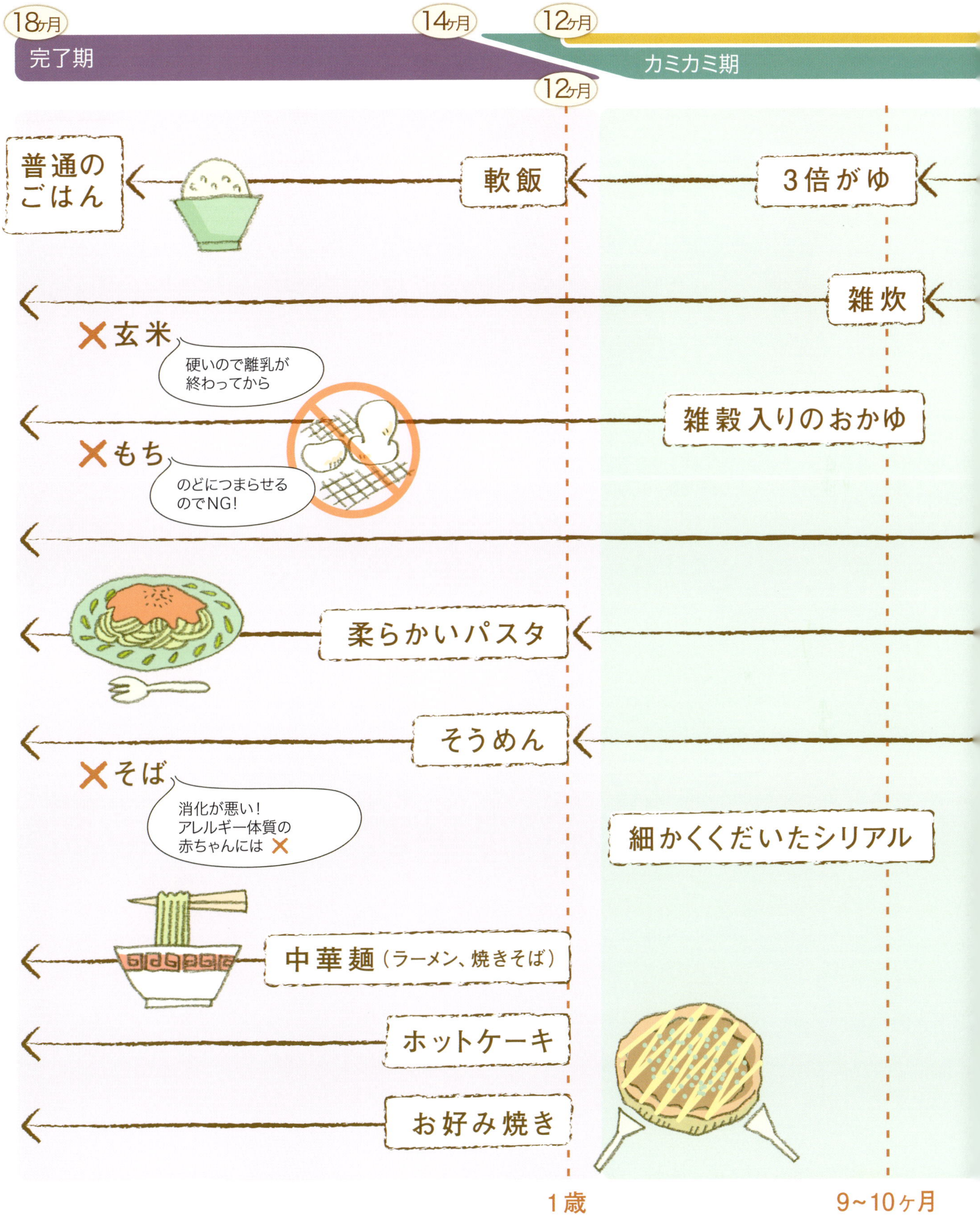
18ヶ月
14ヶ月
12ヶ月
完了期
カミカミ期
12ヶ月
普通のごはん
軟飯
3倍がゆ
雑炊
×玄米
硬いので離乳が終わってから
雑穀入りのおかゆ
×もち
のどにつまらせるのでNG!
柔らかいパスタ
そうめん
×そば
消化が悪い! アレルギー体質の赤ちゃんには×
細かくくだいたシリアル
中華麺（ラーメン、焼きそば）
ホットケーキ
お好み焼き
1歳
9~10ヶ月

タンパク質

8ヶ月

おあじみ期

おかゆ期

5ヶ月

7ヶ月

5倍がゆ　10倍がゆ　おもゆ

大豆
《絹豆腐から》

しょうゆ

みそ

大豆を原料とする調味料も

白身魚

ひらめ冬、たら冬、きんめ冬、きんき冬、
かわはぎ冬、いしもち冬、鯛冬～春、
しらうお春、あいなめ春、
かれい夏、たかべ夏、たちうお夏、
はも夏、すずき夏、いさき初夏～秋、
かます夏～秋、鮭秋、ほっけ秋、さめ　秋
かじきまぐろ

7~8ヶ月　7ヶ月

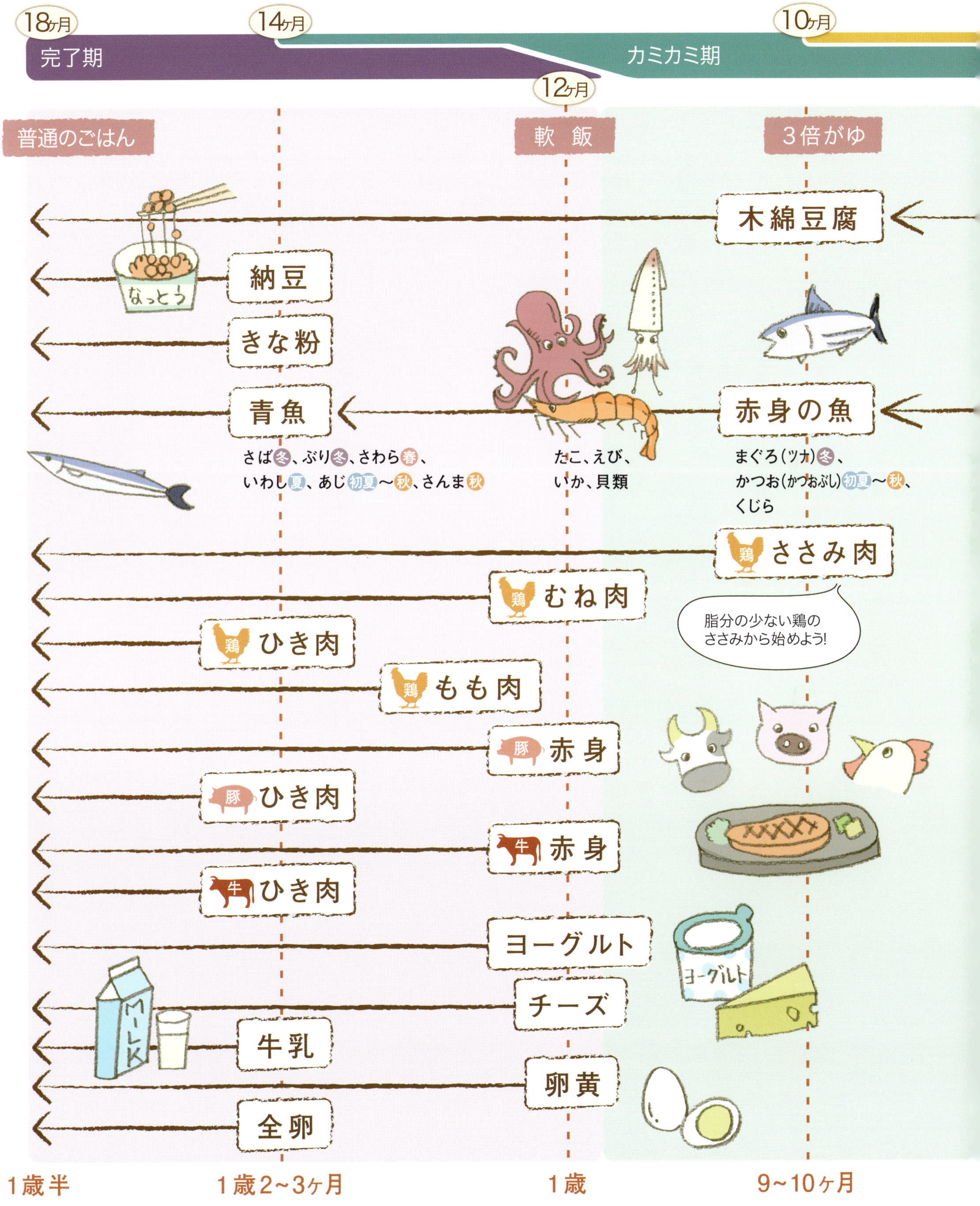
18ヶ月
14ヶ月
10ヶ月
完了期
カミカミ期
12ヶ月
普通のごはん
軟 飯
3倍がゆ
木綿豆腐
納豆
なっとう
きな粉
青魚
赤身の魚
さば冬、ぶり冬、さわら春、
いわし夏、あじ初夏～秋、さんま秋
たこ、えび、
いか、貝類
まぐろ(ツナ)冬、
かつお(かつおぶし)初夏～秋、
くじら
鶏 ささみ肉
鶏 むね肉
脂分の少ない鶏の
ささみから始めよう!
鶏 ひき肉
鶏 もも肉
豚 赤身
豚 ひき肉
牛 赤身
牛 ひき肉
ヨーグルト
ヨーグルト
チーズ
MILK
牛乳
卵黄
全卵
1歳半
1歳2~3ヶ月
1歳
9~10ヶ月

市販のベビーフードを味方に離乳期を乗り切る！

ベビーフードをうまく活用

赤ちゃんのごはんは、大人ごはんからの取り分けでたいていはなんとかなるものですが、食事の用意ができないとき、大人メニューがハードすぎて赤ちゃんに取り分けのしようがないとき、外出時や、非常食などにベビーフードは便利です。

この本を手にされた方は、きっと離乳食をがんばって手作りしなくちゃ！ と気を張っているか、自信がなくて何か手ごろな参考書が欲しかったのではないでしょうか。離乳食はすべてママの手作りでなければいけないなんて固く考えていませんか？

ベビーフードはしっかりとした規格で作られている

「ベビーフード」という呼び名が、なんとなく「ドッグフード」とか「ペットフード」などと重なって聞こえるせいか、手抜きでまずそうな印象を与えますが、赤ちゃんのために研究して安心・安全に製造されたものですから活用しても大丈夫です。

日本ベビーフード協議会による自主規格に沿って製造され、塩分は中・後期は0.5％以下、完了期は0.76％以下と控えめです。家庭で作っている離乳食の味の濃さと比較して、手作り離乳食の参考にするのもよいですね。子どもの成長に合った固さや量を知るのにも参考になります。

とりあえず開ければそのままでも食べられるベビーフードは、重宝なありがたい一品です。

大人も一緒に食べてみよう

ベビーフードが残ってしまったら大人のメニューに活用しても。一緒に食べたら赤ちゃんも喜びます。

先輩ママのアイデア

- ヨーグルトにかけて
- パンにはさんで
- クラッカーにのせて
- パスタに和えて

いろいろなベビーフード

びん詰めタイプ

レトルトタイプ

粉末・フリーズドライタイプ

フリージングをうまく活用しよう

フレッシュな食材を毎日使えればそれが一番だけど、冷凍庫に食材のストックがあると、いざというときに安心。多めに作ったものなどを上手にフリージングして活用しましょう。

フリージングするときのポイント

● 新鮮なものをすばやく冷凍

味や風味が落ちるのをできるだけ避けるために、冷凍庫に入れる前にあらかじめよく冷ましてから、冷凍します。凍りやすいように、薄くしたり、金属トレーなどの上に載せると効果的です。

● 空気を抜いて、しっかり密封

空気に触れると食材が乾燥・酸化しやすい上に、臭いが移りおいしさが半減するので、ラップでぴったり包むかジッパー付きのビニール袋などでしっかり空気を抜き冷凍・保存します。

● 2週間を目安に使い切る

いくら冷凍しても、おいしく食べるためには、期限があります。冷凍した日付を記入しておき、2週間を目安に使い切りましょう。

● 1回ずつ小分けにする

おおよその使う量で小分けにしておくと、その都度使えて便利。製氷皿を使うときはラップできっちり包んでから冷凍し、凍ったら、密封できるビニール袋などに移し替えましょう。

冷凍に向く食材・向かない食材

【向く食材】

● 肉

急速に冷凍できるように薄くのばして小分けにして。

● 魚

冷凍時に水分をよく拭き取る。解凍するときは冷蔵庫に移すか、急いでいるときは、ジッパー付きビニール袋に入れて、流水で解凍がおすすめ。

● ひと手間後に冷凍

野菜はゆでるなど下ごしらえしてから。ひき肉も炒めて味つけしてからなど、ひと手間かけてから冷凍する。

● ソース、だし

多めに作って、使う量ごとに冷凍しておくと便利。

【向かない食材】

● 水分の多いもの・変質するもの

きゅうりなどの生野菜、豆腐、こんにゃく、生のじゃがいもなど。

● 冷凍すると分離するもの

牛乳、マヨネーズなど。

市販の冷凍食材

冷凍庫に常備しておくと、大人ごはんからの取り分けが難しいときなどに重宝します。できるだけ、素材の質がよく、添加物など余計なものが入っていないものを選びましょう。

ビニール袋で冷凍する場合の手順

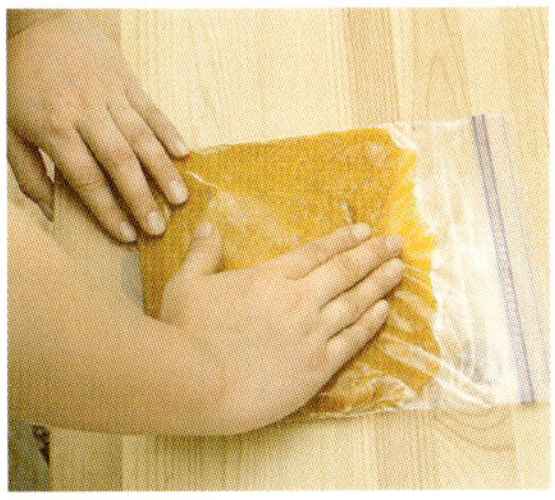

❶しっかり空気を抜く

❷お箸などで、一回に使う量の分に線をつける（凍ったら、必要な分だけ、折って使える）。

離乳食作りや食べるときにあると便利なもの

離乳食用の調理セットはたくさん市販されています。
わざわざ買ってもいいけれど、使う期間は短いので、
いつまでも使える普通の調理器具で代用してみては？
ママたちが実際に使っておすすめのものを紹介します！

料理作りにあると便利なもの

離乳食はもちろん、それ以外の料理でも使えて、あるとラクになったり幅が広がる品々。

離乳食作りをきっかけに購入してみては？ 料理がもっと楽しくなるかもしれません。

イチオシ

卓上すり鉢

卓上に置ける小さなすり鉢がいくつかあるととても便利。その場で取り分けのものをすりつぶして与えられる。100円ショップでも売っている。

ソースパン・小鍋

小さなお鍋は少量の調理に重宝。取り分けて、だしでのばすときにも大活躍。鍋が小さいので火の方が大きくなりがち。火の加減に注意して。

キッチンばさみ

形のあるものが食べられるようになってきたら、わざわざ包丁を使わずに、はさみでジョキジョキ切ってしまう手も。

簡易蒸し器

蒸し器がなくても、鍋にセットすれば、蒸し器として使える一品。ステンレスやシリコン製で、100円ショップでも売っている。落としぶたにも使えるものも。

保温調理鍋

中の鍋を沸騰させてから、保温容器に入れると、火を使わないのにじっくり煮こんでくれる。朝セットすると、夕方にはおいしい煮こみができていて、働くママにも心強い味方。

ハンドミキサー

離乳食のすりつぶしやスープ作りに。鍋にそのまま入れて使えるものが便利。いろいろなメーカーが出していて、値段も機能も様々なので、吟味して。なかでもバーミックスは人気。

厚手の鍋・土鍋

厚手の鍋や土鍋はおいしいおかゆや煮こみ料理に欠かせない存在。「鍋なんてどれも同じ」と思いこみがちだけど、いいお鍋はおいしい料理を作る強力な助っ人に。

食器など

デザインや機能を追求したものがたくさん市販されています。
使いやすいものを選んで、楽しい食事タイムを。

携帯マグ

持ち運びしてもこぼれにくく、洗いやすいものを選んで。

マグ

両手のついているマグは赤ちゃんも持ちやすい。

マグ

初めから傾いた設計になっているので、傾けてあげなくてすむ便利なマグ。

お皿

かわいいイラストのにぎやかなお皿は赤ちゃんの食べる意欲を誘うことも。割れない素材はやっぱり安心。

1歳を過ぎたら、思い切って陶器や瀬戸ものの食器を使ってみるのも。落として割ってしまうかもしれないけれど、大切に扱うことを学んでほしい。大事に使って一生ものに。

食べやすいフォーク・スプーン

赤ちゃんの口の動きに合わせた形状のスプーンは赤ちゃんの飲みこみを助けてくれる。

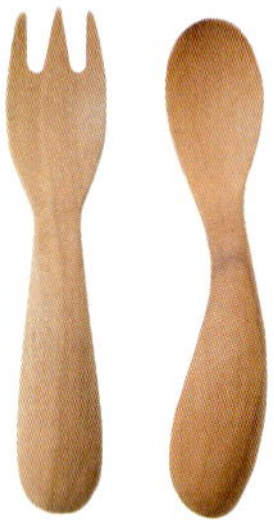

木のフォーク・スプーン

ぬくもりのある木のフォーク・スプーンは赤ちゃんも大好き。

スタイ

便利なビニール素材のもの。カビないようにきちんと乾かして。

スタイ

ポケットがあるものは食べこぼし対策に。

■ 果物

■ 大豆製品

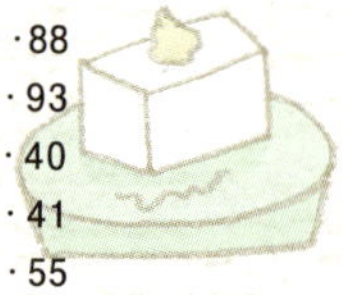

■ 魚介

■ 肉

■ 卵・乳製品

■ 乾物

✻食品別索引✻

■ ごはんもの

■ パスタ・麺類

■ 野菜（あいうえお順）

［レ　シ　ピ］　高橋若奈
［編　　　集］　石塚由香子（まちとこ）
　　　　　　　　狩野綾子（まちとこ）
［離乳食指導］　高木美佐子
［写　　　真］　壬生マリコ
［デ ザ イ ン］　野村由紀　嘉手川里恵（P2-3、132-137、142-143）
［スタイリング］　しのざきたかこ
［イ ラ ス ト］　柴田圭子
［料理アシスタント］　望月美沙
［進　　　行］　鏑木香緒里

［取 材 協 力］　ル・クルーゼ ジャポン　カスタマーダイヤル　03-3585-0198
　　　　　　　　アワビーズ　東京都渋谷区千駄ヶ谷3-50-11　明星ビルディング５F
　　　　　　　　TEL：03-5786-1600　FAX：03-5786-1605

おとなごはんと一緒に作る あかちゃんごはん 離乳食編

2012年2月20日 初版第１刷発行
2021年1月10日 初版第９刷発行

［レシピ制作］　フードコーディネーター　高橋若奈
［編　　　者］　現役ママの編集チーム　まちとこ
［発　行　者］　廣瀬和二
［発　行　所］　株式会社日東書院本社
　　　　　　　　〒160-0022 東京都新宿区新宿2丁目15番14号 辰巳ビル
　　　　　　　　TEL：03-5360-7522（代表）　FAX：03-5360-8951（販売部）
　　　　　　　　振替：00180-0-705733　URL：http://www.TG-NET.co.jp

［印　　　刷］　大日本印刷株式会社
［製　　　本］　株式会社ブックアート

本書の無断複写複製（コピー）は、著作権法上での例外を除き、著作者、出版社の権利侵害となります。
乱丁・落丁はお取り替えいたします。小社販売部までご連絡ください。

©WAKANA TAKAHASHI & Machitoco Publishers. 2012, Printed in Japan
ISBN 978-4-528-01509-8　　C2077

読者の皆様へ
本書の内容に関するお問い合わせは
メール（info@TG-NET.co.jp）またはFAX（03-5360-8047）にて承ります。
恐縮ですがお電話でのお問い合わせはご遠慮ください。
『おとなごはんと一緒に作るあかちゃんごはん』編集部